Inhalt

I. Einleitung

»Welch ein Trommelfeuer von bisher ungeahnten Ungeheuerlichkeiten prasselt seit einem Jahrzehnt auf unsere Nerven nieder! Trotz sicherlich erhöhter Reizbarkeit sind durch diese täglichen Sensationen unsere Nerven trainiert und abgehärtet wie die Muskulatur eines Boxers gegen die schärfsten Schläge. Wie erregte früher ein Mordprozeß [...] die Welt, wie wurde das Schicksal jedes Raubmörders [...] mit fiebernder Spannung von ganzen Nationen verfolgt – während wir heute in einer ganz kurzen Zeitspanne gleich eine Serie von Massenmördern erleben, deren jeder in aller Ruhe mitten in der Öffentlichkeit ein paar Dutzend Menschen abgeschlachtet hat. Man male sich zum Vergleich nur aus, wie ein Zeitgenosse Goethes oder ein Mensch des Biedermeiers seinen Tag in Stille verbrachte, und durch welche Mengen von Lärm, Erregungen, Anregungen heute jeder Durchschnittsmensch täglich sich durchzukämpfen hat, mit der Hin- und Rückfahrt zur Arbeitsstätte, mit dem gefährlichen Tumult der von Verkehrsmitteln wimmelnden Straßen, mit Telephon, Lichtreklame, tausendfachen Geräuschen und Aufmerksamkeitsablenkungen. [...] Wie ungeheuer hat sich der Bewußtseinskreis jedes einzelnen erweitert durch die Erschließung der Erdoberfläche und die neuen Mitteilungsmöglichkeiten: Schnellpresse, Kino, Radio, Grammophon, Funktelegraphie. Stimmen längst Verstorbener erklingen; Länder, die wir kaum dem Namen nach kennen, rauschen an uns vorbei, als ob wir selbst sie durchschweiften. [...] Der Krieg begann sich über Erde, Luft und Wasser zu verbreiten, mit Vernichtungsmöglichkeiten, die die Phantasie auch der exzentrischsten Dichter zu ersinnen nicht imstande gewesen war. Unsere Heere überfluteten Europa; Dutzende von Millionen Menschen hungerten jahrelang; aus Siegesbewußtsein stürzten wir in Niederlage und Revolution; Kaiser, Könige und Fürsten wurden dutzendweise entthront. Wer soll noch durch Menschenunglück erschüttert werden, der erlebte, daß vier Millionen Menschen durch Menschenhand im Krieg umgebracht wurden? Die Länder erbebten von Attentaten und Revolten; politische und soziale Ideen, von denen unsere Großeltern noch nichts ahnten, wuchsen über die Menschheit und veränderten das Antlitz der Völker und Erde.«

Nur wer diesen Text genau liest, wird feststellen, daß es sich bei ihm um ein historisches Dokument handelt. Daß er schon vor ca. 65 Jahren geschrieben wurde, ist einigermaßen verblüffend. Warum? Der hier skizzierte technische Fortschritt und seine vielfältigen Begleiterscheinungen, die Entwicklung des Verkehrswesens und der Kommunikationstechnologien, die Stadt mit ihrer Reizüberflutung, die Kurzlebigkeit und Fluktuation von Erlebnissen in ihr, die soziale Mobilität und die Nervosität der Menschen als Zeichen der Zeit, schließlich ein militärisches Vernichtungspotential, das jede Phantasie übersteigt, alles dies sind Phänomene und Probleme, die wir aus unserer eigenen Lebenswelt zur Genüge kennen. Sicherlich, die technologischen Verfügungsmöglichkeiten des Menschen sind heute noch umfassender und differenzierter geworden, das Tempo der zivilisatorischen Entwicklung hat sich weiter beschleunigt, doch mindert dieser Befund keineswegs den Aktualitätswert der zitierten Äußerungen. Sie sind einem Artikel von Kurt Pinthus entnommen, den er Anfang 1925 für die *Berliner Illustrirte* schrieb.[1] Er thematisiert retrospektiv die Breite und die Rasanz in den Veränderungen der technischen Zivilisation, die Folgen von Industrialisierung und Urbanisierung, also historische Transformationsprozesse, die in Deutschland mit der Reichsgründung 1871 verstärkt einsetzten und zu Beginn des 20. Jahrhunderts einen ersten Gipfelpunkt erreichten.

Auf die Virulenz solcher Vorgänge reagierten um die Jahrhundertwende die Kunst und Literatur, ästhetische Bewe-

1. Kurt Pinthus: Die Überfülle des Erlebens. Aus: Berliner Illustrirte vom 28. 2. 1925. Abgedruckt in: Facsimile-Querschnitt durch die Berliner Illustrirte. Hrsg. von Friedrich Luft. München 1965. S. 10f.

gungen, die wir heute als die »Moderne« bezeichnen. Die moderne Wirklichkeit wird von den Künstlern neu wahrgenommen und verarbeitet; sie ist als Ganzheit nicht mehr zu begreifen, zerfällt in mannigfaltige isolierte Empfindungsdaten, wirkt fremd, wird in ihren Objekten als heteronome Macht erfahren, der man sich ohnmächtig ausgeliefert fühlt. »Dies alles«, so umschreibt Hugo von Hofmannsthal in seinem berühmten *Chandosbrief* die neuen Wirklichkeitserfahrungen, »erschien mir so unbeweisbar, so lügenhaft, so löcherig wie nur möglich. Mein Geist zwang mich, alle Dinge [...] in einer unheimlichen Nähe zu sehen: so wie ich einmal in einem Vergrößerungsglas ein Stück von der Haut meines kleinen Fingers gesehen hatte, das einem Blachfeld mit Furchen und Höhlen glich, so ging es mir nun mit den Menschen und ihren Handlungen. Es gelang mir nicht mehr, sie mit dem vereinfachenden Blick der Gewohnheit zu erfassen. Es zerfiel mir alles in Teile, die Teile wieder in Teile, und nichts mehr ließ sich mit einem Begriff umspannen. Die einzelnen Worte schwammen um mich; sie gerannen zu Augen, die mich anstarrten und in die ich wieder hineinstarren muß: Wirbel sind sie, in die hinabzusehen mich schwindelt, die sich unaufhaltsam drehen und durch die hindurch man ins Leere kommt.«[2]

Unter den vielfältigen Kunst- und Literaturrichtungen um die Jahrhundertwende und nach 1900, die teilweise in ihren ästhetischen Vorstellungen und Zielen auseinanderstreben, teilweise aber auch gemeinsame Berührungspunkte aufweisen, haben sich insbesondere Künstler und Literaten des sog. Expressionismus (verstärkt nach 1910) mit dem Erlebnisraum der Großstadt, mit der Welt der Maschinen, mit einer arbeitsteiligen Gesellschaft, die zunehmend nach kapitalistischen Verwertungsprinzipien funktionierte, mit Institutionen, die einen Untertanengeist zu installieren und zu befestigen suchten, kritisch auseinandergesetzt; in ihren Bil-

2. Hugo von Hofmannsthal. Gesammelte Werke. Erzählungen, Erfundene Gespräche und Briefe. Reisen. Hrsg. von Bernd Schoeller. Frankfurt a. M. 1979. S. 466.

dern und Texten haben sie ihren Erfahrungen von Isolation, Zerrissenheit und Entfremdung künstlerischen Ausdruck verliehen. Der Wirklichkeit, die stetig anonymer, mechanischer und unübersichtlicher wurde, und dem eigenen Selbst entfremdet, reagierten sie mit Bildern des Ausgeliefertseins, des Persönlichkeitszerfalls oder gar -verlustes. Als unerträglich empfanden sie den Widerspruch zwischen der rasanten Entwicklung der Produktivkräfte und der Unterdrückung der eigenen Wünsche nach Unabhängigkeit und wahrer Gemeinschaft. In der künstlerischen Produktion versuchten sie sich von dem Druck der Verhältnisse zu befreien.

Im Bild des verhaßten, übermächtigen Vaters wird die Frontstellung der jungen Generation besonders augenfällig. Sie bricht radikal mit den Wertorientierungen der Väterwelt, begehrt auf gegen ein konservatives Bürgertum, das sich in der Wilhelminischen Gesellschaft eingerichtet hatte und deren Probleme und Widersprüche durch Ideologiebildung, eine verlogene Moral, durch literarisches Epigonentum und durch einen pompösen Repräsentationsstil zu drapieren suchte. Das Leid, die Spannung und die Irritation einer Zeit, in der man nicht mehr zu Hause war, die man für abgeschmackt, verdorben, wesenlos hielt, war der Ausgangspunkt der neuen künstlerisch-literarischen Bewegung. Um unmittelbar zum Wesen, zur Wahrheit, zu einem gesteigerten Lebensgefühl, ja zu einem neuen Menschsein vorzudringen, mußte die junge Generation – zumindest literarisch-künstlerisch – den Kulissenschwindel der bürgerlichen Gesellschaft entlarven, ihre schillernde Erscheinungswelt verfremden, deren Fassaden zerschlagen.

Es gehört zu den bitteren historischen Paradoxien dieser Bewegung, daß ihre Untergangsphantasien und Endzeitvisionen später in der geschichtlichen Realität durch die Katastrophe des Ersten Weltkriegs eingeholt wurden, in dessen Verlauf nicht nur viele Künstler ihr Leben lassen mußten, sondern auch ihre utopische Sehnsucht nach der Geburt eines neuen Menschen grausam zerstört wurde. Der Krieg veränderte nicht nur die Strukturen der wissenschaftlichen-technischen Zivilisation, sondern enthemmte das ihnen eignende Vernichtungspotential, wie der Text von Pinthus und die Entwicklung in den folgenden Jahrzehnten zeigen. Die Erscheinungsformen der industriellen Massengesellschaft und die ihnen korrespondierenden Wirklichkeitserfahrungen mögen sich in dieser Zeit vielleicht im Detail verändert haben, aber nicht die ihnen zugrundeliegenden Strukturen. Im Gegenteil, in dem Maße, wie die Macht der Dinge und Apparate sich steigerte, verschärfte sich die Krise des Subjekts: Dissoziation der Wahrnehmungen, Erfahrungen der Ohnmacht, Isolation und Entfremdung, apokalyptische Ängste, alle diese Momente kennzeichnen auch die gegenwärtige Bewußtseinslage.

Doch wie ist es heute um die Literatur bestellt, die diese Wirklichkeitserfahrungen erstmals umfassend poetisch verarbeitet hat? Wird sie überhaupt noch gelesen? Und wenn dies der Fall ist, vermittelt sie dann Erfahrungen, auf deren Grundlage wir die Strukturen unserer gegenwärtigen Lebenswelt besser verstehen können? Oder ist sie nur noch von antiquarischem Interesse, für Philologen, Literaturhistoriker oder Lehrer, die sie als Demonstrationsobjekt für die Vorstellung einer vergangenen Epoche benutzen? Es hat fast diesen Anschein: Versucht man sich der expressionistischen Literatur, insbesondere der Lyrik, zu nähern, so wird man von ihr zunächst auf Distanz gehalten. Fremd muten uns heute das überschwengliche Lebens- und Weltgefühl expressionistischer Lyriker an, ihre ekstatischen Vorstellungen von Revolte und Aufbruch, ihre laute Rhetorik, das übertriebene Pathos ihrer Sprache. Gleichzeitig wird man aber auch von ihren Gedichten angezogen: In den Depressionen, Ängsten, Sehnsüchten, die hier artikuliert werden, entdeckt man Stimmungen und Strebungen seines eigenen Bewußtseins; fasziniert ist man von ihren Bildern, selbst oder gerade wenn sie verstören und verschrecken. Diese Literatur ist offensichtlich immer noch »ein hochaktiv geladenes Energiebündel.«[3]

3. Peter Rühmkorf (Hrsg.): 131 expressionistische Gedichte. Berlin 1976. S. 7.

Jede neue Zusammenstellung von expressionistischen Gedichten zu einer Anthologie sieht sich unweigerlich auf ein berühmtes Vorbild verwiesen: auf die 1919 von Kurt Pinthus herausgegebene Gedichtsammlung *Menschheitsdämmerung*. Erstaunlich ist die Wirkungsgeschichte dieses Dokuments, beachtlich seine Verbreitung. Doch sie sollte mit keiner späteren Anthologie verglichen werden. Die *Menschheitsdämmerung* ist subjektiv, einmalig in ihrer Entstehung, Komposition und Wirkung. Sie will keine Musterbeispiele guter Poesie geben, sondern allein unmittelbares Dokument ihrer Zeit sein, eine »Symphonie jüngster Dichtung«. »Dies Buch«, so schrieb der Herausgeber damals, »nennt sich nicht nur eine ›Sammlung‹. Es ist eine Sammlung!: Sammlung der Erschütterungen und Leidenschaften, Sammlung von Sehnsucht, Glück und Qual einer Epoche – unserer Epoche. Es ist gesammelte Projektion menschlicher Bewegung aus der Zeit in die Zeit. Es soll nicht Skelette von Dichtern zeigen, sondern die schäumende, chaotische, berstende Totalität unserer Zeit.«[4]

Jede Anthologie expressionistischer Lyrik, die heute erstellt wird, hat den historischen Abstand zu dieser Lyriksammlung zu gewärtigen. So wird man heute die mannigfaltigen poetologischen, stilistischen und politischen Ausprägungen der expressionistischen Lyrik berücksichtigen müssen. Dank der breiteren Quellenbasis und des besseren Überblicks über biographische, bibliographische, entstehungs- und wirkungsgeschichtliche Zusammenhänge haben sich auch die ästhetischen Maßstäbe verschoben. Autoren, wie z. B. Werfel, Hasenclever und Becker, deren Gedichte noch von Pinthus stark bevorzugt wurden und die auch sehr viel dazu beitrugen, daß die expressionistische Bewegung wirkungsgeschichtlich einseitig mit solchen Schlagworten wie »Aufbruch«, »Ekstase«, »Erlösung« und »Revolte« identifiziert wurde, wird heute nicht mehr die Aufmerksamkeit geschenkt, die sie noch in den zwanziger Jahren fanden. Das,

4. Kurt Pinthus (Hrsg.): Menschheitsdämmerung. Ein Dokument des Expressionismus. Hamburg 1959. S. 22.

was früher nur am Rande wahrgenommen wurde, etwa die Lyrik von Lichtenstein, Hardekopf und Blass, ist jetzt stärker in den Mittelpunkt des historischen Interesses gerückt, nicht zuletzt deshalb, weil sich gerade an ihnen eine »Art von heimlicher Zeitgenossenschaft«[5] belegen läßt. Und gerade dieser wirkungsgeschichtliche Aspekt sollte bei einer Auswahl von Gedichten, die für die Arbeit im Literaturunterricht bestimmt sind, ein besonderes Kriterium sein.
Eine Anthologie expressionistischer Gedichte zusammenzustellen, das heißt immer schon, ein Vorverständnis des Expressionismus vorauszusetzen, sich damit aber auch auf einem ungesicherten begrifflichen Gelände bewegen zu müssen, sich mit einer Vielfalt an stilistischen Phänomenen, ästhetischen Voraussetzungen und politischen Zielen konfrontiert zu sehen. Das so häufig in der Literaturgeschichte zitierte expressionistische Jahrzehnt zwischen 1910 und 1920 ist kein genossenschaftliches Kontinuum, schon gar keine festumrissene Epoche. Der Expressionismus ist weder ausschließlich ein deutsches Phänomen noch – die Entstehung des Begriffs in der bildenden Kunst und der künstlerische Aufbruch der »Brücke«-Maler seit 1905 belegen dies – auf die literarische Entwicklung beschränkt. Auch die expressionistische Lyrik als ein zentrales Paradigma der literarischen Moderne ist wenig homogen; sie auf bestimmte Themen, politische Tendenzen, konkrete Zielsetzungen oder Stilmerkmale festzulegen ist von vornherein zum Scheitern verurteilt. Die poetischen Differenzqualitäten zwischen Gedichten Werfels und Stramms sind gravierend; die grotesken, im Kabarettstil arrangierten Texte eines van Hoddis kontrastieren grell mit den zynischen »Morgue«-Gedichten des Arztes Benn. Und dennoch gehören alle diese Autoren der expressionistischen Bewegung an. Was verbindet sie also?
Zunächst muß man deutlich sehen, daß die Bewegung im wesentlichen von *einer* Generation getragen worden ist. Die meisten Verfasser expressionistischer Gedichte sind in dem

5. Rühmkorf, a. a. O., S. 7.

Zeitraum zwischen 1885 und 1895 geboren. Von früher geborenen Autoren sind in der vorliegenden Anthologie allein Else Lasker-Schüler (1869), August Stramm (1874) und Ferdinand Hardekopf (1876) berücksichtigt worden, allesamt Lyriker, die im Rahmen der Gesamtbewegung auch eigene poetische Wege gegangen sind.
Der noch formal-abstrakte Begriff der Generation gewinnt erste soziale Konturen, wenn man sich die Herkunft und den Bildungsgang der ihr angehörenden Autoren vergegenwärtigt. Fast alle Dichter entstammten mittelständischem Milieu, teilweise sogar großbürgerlichen Verhältnissen. Ihre Väter sind Fabrikanten, Kaufleute, Juristen, Lehrer, Mediziner und Pfarrer gewesen. Schaut man auf den Ausbildungsgang der jungen Autoren, so zeigt sich auch hier eine erstaunliche Homogenität: die meisten studierten; viele schlossen ihr Universitätsstudium mit der Promotion ab, etwa Heym, Benn, Lichtenstein, Stramm, Stadler. So unterschiedliche politische und ästhetische Vorstellungen diese jungen Intellektuellen auch hatten, allen gemeinsam war eine spezifische Bewußtseinslage: die Irritation durch die beengenden gesellschaftlichen Verhältnisse der Wilhelminischen Zeit und der Glaube, diese mittels der Literatur verändern zu können. Ungebrochen war in dieser Generation das Vertrauen auf die Macht des Wortes, auf intuitive sprachliche Inspiration und Spontaneität. Ob man nun die eigenen Aggressionen in visionäre Bilder umsetzte, ob man das bürgerliche Leben mit seinen Scheinrationalisierungen, seiner verlogenen Moral zu desillusionieren suchte oder schließlich durch Demontage von Sprache und Grammatik die entfremdeten Verkehrsformen der Gesellschaft selbst aufbrechen wollte, allen diesen Bestrebungen war gemeinsam, aus einer öden, engstirnigen Bürgerwelt, die keine Chance zur Selbstverwirklichung ließ, auszubrechen und – mit welchen literarischen Mitteln auch immer – zur Erneuerung des Menschen beizutragen. In solchem kompromißlosen Veränderungswillen steckt das ganze Drama dieser Generation: ihre Sehnsucht, ihr Glück und ihre Qual.

Zu beobachten ist, daß manche Autoren der Bewegung dadurch ein einheitliches Profil zu geben versuchten, daß sie sie ästhetisch von anderen künstlerischen Richtungen abzugrenzen suchten. Bekannt sind die programmatischen Frontstellungen einzelner Expressionisten zum Naturalismus und Impressionismus. Dabei sollte man allerdings nicht übersehen, daß auch die expressionistische Lyrik an literarische Traditionen (Barock, Romantik) anknüpft, daß es für sie Vorbilder und Vorläufer gibt und einzelne Autoren, wie z. B. Trakl, Heym und Stadler in ihrer frühen Schaffensperiode sogar an anderen literarischen Strömungen (Symbolismus, Jugendstil, Impressionismus) partizipieren. Weil sich in der literarischen Praxis der Zeit mannigfaltige Interferenzen, Verwandtschaften, Abhängigkeiten und Einflüsse, d. h. also Ungleichzeitigkeiten, aufweisen lassen, wird hier auch darauf verzichtet, Gedichte von solchen Autoren vorzustellen, die als Vorläufer der expressionistischen Lyrik gelten, wie z. B. Däubler, Mombert und Holz. Fraglos bleibt, daß hier Abhängigkeiten bestehen. Vom »konsequenten Naturalismus« des »Papa Holz«, von seinen Versuchen in den verschiedenen Fassungen seines *Phantasus*-Projektes, Welt total zu verworten, bis zur Wortkunst August Stramms ist der Schritt nicht allzu groß. Doch sollte bei der Auswahl der Gedichte in erster Linie dem Generationsprinzip, der Bewußtseinslage und dem aus ihr resultierenden Veränderungswillen der Autoren Rechnung getragen werden.
Das ist auch ein Grund dafür gewesen, Gedichte mit in die Anthologie aufzunehmen, die man heute unter den Begriff des Dadaismus subsumiert. Der Dada-Bewegung können die hier abgedruckten Texte von Arp, Ball, Huelsenbeck und Schwitters zugeordnet werden. Die ersten drei Autoren hatten 1916 in Zürich das »Cabaret Voltaire« gegründet. Von den ästhetischen Möglichkeiten des Varietés inspiriert, aber auch von futuristischen Positionen Marinettis beeinflußt, machten sie ihr kleines Kabarett zum »Tummelplatz verrückter Emotionen« (Ball), um gegen den »Wahnsinn der Zeit« (Arp) zu protestieren. Folgt man dem literarischen

Selbstverständnis dieser Autoren und ihren radikalen Abgrenzungsversuchen vom Expressionismus – sie warfen ihm z. B. vor, daß er sich in »blutleerer Abstraktion« ergehe und wesentliche Forderungen der Zeit unerfüllt lasse –, dann gehören ihre Gedichte wahrlich nicht in diese Anthologie. Doch muß man heute die Äußerungen der Dadaisten relativieren. Wie so häufig in der Literaturgeschichte fällt hier die Frontstellung gegenüber Autoren, mit denen einen ähnliche Interessen und Ziele verbinden, heftiger und schärfer aus als gegenüber solchen, mit denen man sich eigentlich auseinandersetzen will. Gemeinsam ist beiden Bewegungen sicherlich der krasse antibürgerliche Affekt. Die verbalen frühexpressionistischen Attacken gegen die (spieß)bürgerlichen Verständigungs- und Ordnungssysteme wurden von den Dadaisten fortgesetzt und verstärkt. Doch ähneln sich beide Bewegungen auch in ihren ästhetischen Positionen und Gestaltungsmitteln. Ohne Rücksicht auf die empirische Welt sollte das unmittelbar zum Ausdruck gebrachte Gefühl neue Sinn- und Erfahrungszusammenhänge erzeugen. So haben die Dadaisten bestimmte sprachliche und poetische Verfahren der Expressionisten nicht nur übernommen, sondern radikal weiterentwickelt. Man denke etwa an den Groteskstil und die Simultanpoesie eines van Hoddis und Lichtenstein, deren Gedichte überdies im »Cabaret Voltaire« häufig rezitiert wurden; aber auch an Ansätze der Sprachskepsis und Sprachkritik, wie sie im Zusammenhang mit der Zeitschrift *Der Sturm* und in der Wortkunst Stramms entwickelt wurden. Die Unsinnspoesie von Arp und Huelsenbeck, die Lautgedichte von Ball sind jedenfalls, wenn man sie in solche Filiationen stellt, in ihren Präferenzen für das Wortmaterial und dessen Rhythmisierung, in ihren poetischen Verfahrensweisen, der Dekonstruktion vertrauter sprachlicher Zusammenhänge und dem fremdartigen, zufälligen Kombinieren von Wort- und Bildelementen, besser zu begreifen.
Unterscheidet sich die vorhandene Sammlung mit der Aufnahme dadaistischer Texte von manchen anderen Anthologien expressionistischer Poesie, so hält sie doch wie jene an

einem Kernbestand kanonisierter Lyrik fest, etwa an Gedichten von Trakl, Heym, Stadler und Benn. In ihnen vermitteln sich vielleicht am prägnantesten das Zeitbewußtsein, das Ethos, der Wille und die Stilintentionen der expressionistischen Bewegung. Doch Profil gewinnen auch sie erst, wenn man die poetischen Randzonen ausleuchtet. Hier sind es vor allem die weniger bekannten Gedichte von Blass, Boldt, Hardekopf und Wolfenstein, die der Lyrik neue Empfindungs- und Ausdrucksdimensionen erschlossen haben.

Die Autoren und ihre Gedichte sind in chronologischer Folge abgedruckt. Dies mag auf den ersten Blick allzu schematisch wirken. Erwartet man doch von Lyrikanthologien häufig eine Ordnung der Texte nach thematischen Kriterien. Sicherlich, die expressionistischen Lyriker bevorzugen bestimmte Motive und Themen. Doch birgt die Gliederung nach Themengruppen immer die Gefahr, daß man, da sich in den meisten Gedichten verschiedene Themenbereiche überschneiden, dem komplexen Bedeutungshorizont der Gedichte nicht mehr gerecht wird, d. h., sie in bestimmte Schubladen ablegt. Zudem gilt es zu bedenken, daß eine Gliederung nach stofflichen Kriterien auch den Rezeptionsspielraum der Leser einengt. Diese sollen in ihrer Lektüre zunächst mit der Heterogenität, ja den Widersprüchlichkeiten der expressionistischen Lyrik konfrontiert werden; sie sollen die mannigfaltigen Stile, Probleme und Ideen von Autoren und Autorengruppen kennenlernen. Nur so können sie die historische Distanz erkennen, die sie von vielen dieser Gedichte trennt – und sie überwinden, indem sie überraschende Wechselwirkungen zwischen den Texten entdecken, diese nach spezifischen Kriterien gruppieren und eigenständig Verbindungslinien zwischen ihnen und ihrer Lebenswelt ziehen.

II. Texte

1. Else Lasker-Schüler: Weltende

Es ist ein Weinen in der Welt,
Als ob der liebe Gott gestorben wär',
Und der bleierne Schatten, der niederfällt,
Lastet grabesschwer.

Komm, wir wollen uns näher verbergen ...
Das Leben liegt in aller Herzen
Wie in Särgen.

Du! wir wollen uns tief küssen –
Es pocht eine Sehnsucht an die Welt,
An der wir sterben müssen.

2. Else Lasker-Schüler: Gebet

Ich suche allerlanden eine Stadt,
Die einen Engel vor der Pforte hat.
Ich trage seinen großen Flügel
Gebrochen schwer am Schulterblatt
Und in der Stirne seinen Stern als Siegel.

Und wandle immer in die Nacht ...
Ich habe Liebe in die Welt gebracht –
Daß blau zu blühen jedes Herz vermag,
Und hab ein Leben müde mich gewacht,
In Gott gehüllt den dunklen Atemschlag.

O Gott, schließ um mich deinen Mantel fest;
Ich weiß, ich bin im Kugelglas der Rest,

Und wenn der letzte Mensch die Welt vergießt,
Du mich nicht wieder aus der Allmacht läßt
Und sich ein neuer Erdball um mich schließt.

3. August Stramm: Abendgang

Durch schmiege Nacht
Schweigt unser Schritt dahin
Die Hände bangen blaß um krampfes Grauen
Der Schein sticht scharf in Schatten unser Haupt
In Schatten
Uns!
Hoch flimmt der Stern
Die Pappel hängt herauf
Und
Hebt die Erde nach
Die schlafe Erde armt den nackten Himmel
Du schaust und schauerst
Deine Lippen dünsten
Der Himmel küßt
Und
Uns gebärt der Kuß!

4. August Stramm: Untreu

Dein Lächeln weint in meiner Brust
Die glutverbissnen Lippen eisen
Im Atem wittert Laubwelk!
Dein Blick versargt
Und
Hastet polternd Worte drauf.

Vergessen
Bröckeln nach die Hände!
Frei
Buhlt dein Kleidsaum
Schlenkrig
Drüber rüber!

5. August Stramm: Sturmangriff

Aus allen Winkeln gellen Fürchte Wollen
Kreisch
Peitscht
Das Leben
Vor
Sich
Her
Den keuchen Tod
Die Himmel fetzen
Blinde schlächtert wildum das Entsetzen.

6. August Stramm: Patrouille

Die Steine feinden
Fenster grinst Verrat
Äste würgen
Berge Sträucher blättern raschlig
Gellen
Tod.

7. Ferdinand Hardekopf: Spleen

Ein Bündel Mond erreichte mein Gesicht
Um 3 Uhr nachts, ein Quantum Butterlicht,
Und mahnte [3 Uhr 2]: »Ein Spuk-Gedicht,
Nervös-geziert, ist Literatenpflicht!«

Die Kammer dehnte sich verbrecher-hell.
Der Mond, ein Dotterball, schien kriminell.
Da stieg die Dame Angst [-Berlin] reell
Auf ihr imaginäres Karussell.

Ein Schneiderkleid umpreßte mit Radau
Die Dame Angst: die Gift- und Gnadenfrau.
Doch das Zitronen-Ei [um 3 Uhr 5 genau]
Versank in Bar-Fauteuils aus Dämmerblau. –
Nachhüstelnd, matt-dosiert: »Macabre-Bar!
Ihr lila Blicke! Schweflig Tulpenhaar!
Aus Puderkrusten Tollkirsch-Kommentar!
Ein Gruß: du noctambules Seminar!«
... So. 3 Uhr 10. Wie süß verwirrt ich war!

8. Ferdinand Hardekopf: Zwiegespräch

Doctor Schein und Doctor Sinn
Gingen ins Café;
Schein bestellte Doppel-Gin,
Sinn bestellte Tee.

Seitlich von dem Plauderzweck
Nahmen sie dabei:
Schein – verlognes Schaumgebäck;
Sinn – verlornes Ei.

Dialog ward Zaubertext,
Nekromantenspiel;
Zwieseits wurde hingehext,
Was dem Geist gefiel,

Was dem Sinn Erscheinung schien,
Was der Schein ersann.
Schein gab Sinn, und dieser ihn,
Und die Zeit verrann.

Und die Stunde kam herein
Leis' des Dämmerlichts.
Sein verging zu Lampenschein,
Sinn verging zu nichts.

9. Wilhelm Klemm: Schlacht an der Marne

Langsam beginnen die Steine sich zu bewegen und zu reden.
Die Gräser erstarren zu grünem Metall. Die Wälder,
Niedrige, dichte Verstecke, fressen ferne Kolonnen.
Der Himmel, das kalkweiße Geheimnis, droht zu bersten.
Zwei kolossale Stunden rollen sich auf zu Minuten.
Der leere Horizont bläht sich empor.

Mein Herz ist so groß wie Deutschland und Frankreich zusammen,
Durchbohrt von allen Geschossen der Welt.
Die Batterie erhebt ihre Löwenstimme
Sechsmal hinaus in das Land. Die Granaten heulen.
Stille. In der Ferne brodelt das Feuer der Infanterie,
Tagelang, wochenlang.

10. Wilhelm Klemm: Die Sprache

Ein wildes Ungetüm mit tausend Zungen,
Mit Augen, die wie Feuerräder schwingen,
Und wehendem Gebläse heißer Lungen

Läßt seine staubigen Riesenflügel klingen,
Am Boden streifend, träg im Dämmerlicht.
Wir aber wagen näher nicht zu dringen.

Und plötzlich türmt es sich, die Erde bricht,
Die Sterne taumeln unter seinen Nüstern,
Es streift des Herrn ehrwürdig Angesicht.

Schäumt, lästert, brüllt auf wilden Sturmregistern
Beruhigt sich, wird leichter, dünner, reiner,
Und lagert auf dem Morgenrot, ein feiner

Dunststrich, drin tausend fremde Namen flüstern.

11. Paul Zech: Fabrikstraße tags

Nichts als Mauern. Ohne Gras und Glas
zieht die Straße den gescheckten Gurt
der Fassaden. Keine Bahnspur surrt.
Immer glänzt das Pflaster wassernaß.

Streift ein Mensch dich, trifft sein Blick dich kalt
bis ins Mark; die harten Schritte haun
Feuer aus dem turmhoch steilen Zaun,
noch sein kurzes Atmen wolkt geballt.

Keine Zuchthauszelle klemmt
in ein Eis das Denken wie dies Gehn
zwischen Mauern, die nur sich besehn.

Trägst du Purpur oder Büßerhemd –:
immer drückt mit riesigem Gewicht
Gottes Bannfluch: *uhrenlose Schicht*.

12. Ernst Stadler: Fahrt über die Kölner Rheinbrücke bei Nacht

Der Schnellzug tastet sich
  und stößt die Dunkelheit entlang.
Kein Stern will vor. Die ganze Welt ist nur ein enger,
  nachtumschienter Minengang,
Darein zuweilen Förderstellen
  blauen Lichtes jähe Horizonte reißen: Feuerkreis
Von Kugellampen, Dächern, Schloten,
  dampfend, strömend ... nur sekundenweis ...
Und wieder alles schwarz.
  Als führen wir ins Eingeweid der Nacht zur Schicht.
Nun taumeln Lichter her ... verirrt, trostlos vereinsamt ...
  mehr ... und sammeln sich ... und werden dicht.
Gerippe grauer Häuserfronten liegen bloß,
  im Zwielicht bleichend, tot –
  etwas muß kommen ... o, ich fühl es schwer
Im Hirn. Eine Beklemmung singt im Blut.
  Dann dröhnt der Boden plötzlich wie ein Meer:
Wir fliegen, aufgehoben,
  königlich durch nachtentrissne Luft, hoch übern Strom.
  O Biegung der Millionen Lichter, stumme Wacht,
Vor deren blitzender Parade
  schwer die Wasser abwärts rollen.
  Endloses Spalier, zum Gruß gestellt bei Nacht!
Wie Fackeln stürmend! Freudiges!
  Salut von Schiffen über blauer See! Bestirntes Fest!

Wimmelnd, mit hellen Augen hingedrängt!
  Bis wo die Stadt
  mit letzten Häusern ihren Gast entläßt.
Und dann die langen Einsamkeiten. Nackte Ufer.
  Stille. Nacht. Besinnung. Einkehr. Kommunion.
  Und Glut und Drang
Zum Letzten, Segnenden. Zum Zeugungsfest.
  Zur Wollust. Zum Gebet. Zum Meer.
  Zum Untergang.

13. Ernst Stadler: Form ist Wollust

Form und Riegel mußten erst zerspringen,
Welt durch aufgeschloßne Röhren dringen:
Form ist Wollust, Friede, himmlisches Genügen,
doch mich reißt es, Ackerschollen umzupflügen.
Form will mich verschnüren und verengen,
doch ich will mein Sein in alle Weiten drängen –
Form ist klare Härte ohn' Erbarmen,
doch mich treibt es zu den Dumpfen, zu den Armen,
und in grenzenlosem Michverschenken
will mich Leben mit Erfüllung tränken.

14. Ernst Stadler: Der Aufbruch

Einmal schon haben Fanfaren
  mein ungeduldiges Herz blutig gerissen,
Daß es, aufsteigend wie ein Pferd,
  sich wütend ins Gezäum verbissen.
Damals schlug Tambourmarsch
  den Sturm auf allen Wegen,

Und herrlichste Musik der Erde
  hieß uns Kugelregen.
Dann, plötzlich, stand Leben stille.
  Wege führten zwischen alten Bäumen.
Gemächer lockten.
  Es war süß, zu weilen und sich versäumen,
Von Wirklichkeit den Leib
  so wie von staubiger Rüstung zu entketten,
Wollüstig sich in Daunen
  weicher Traumstunden einzubetten.
Aber eines Morgens
  rollte durch Nebelluft das Echo von Signalen,
Hart, scharf, wie Schwerthieb pfeifend. Es war
  wie wenn im Dunkel plötzlich Lichter aufstrahlen.
Es war wie wenn durch Biwakfrühe
  Trompetenstöße klirren,
Die Schlafenden aufspringen und die Zelte abschlagen
  und die Pferde schirren.
Ich war in Reihen eingeschient,
  die in den Morgen stießen, Feuer über Helm und Bügel,
Vorwärts, in Blick und Blut die Schlacht,
  mit vorgehaltnem Zügel.
Vielleicht würden uns
  am Abend Siegesmärsche umstreichen,
Vielleicht lägen wir irgendwo ausgestreckt
  unter Leichen.
Aber vor dem Erraffen
  und vor dem Versinken
Würden unsre Augen sich an Welt und Sonne satt
  und glühend trinken.

15. Paul Boldt: Auf der Terrasse des Café Josty

Der Potsdamer Platz in ewigem Gebrüll
Vergletschert alle hallenden Lawinen
Der Straßentrakte: Trams auf Eisenschienen,
Automobile und den Menschenmüll.

Die Menschen rinnen über den Asphalt,
Ameisenemsig, wie Eidechsen flink.
Stirne und Hände, von Gedanken blink,
Schwimmen wie Sonnenlicht durch dunklen Wald.

Nachtregen hüllt den Platz in eine Höhle,
Wo Fledermäuse, weiß, mit Flügeln schlagen
Und lila Quallen liegen – bunte Öle;

Die mehren sich, zerschnitten von den Wagen. –
Aufspritzt Berlin, des Tages glitzernd Nest,
Vom Rauch der Nacht wie Eiter einer Pest.

16. Paul Boldt: Junge Pferde

Wer die blühenden Wiesen kennt
Und die hingetragene Herde,
Die, das Maul am Winde, rennt:
Junge Pferde! Junge Pferde!

Über Gräben, Gräserstoppel
Und entlang den Rotdornhecken
Weht der Trab der scheuen Koppel,
Füchse, Braune, Schimmel, Schecken!

Junge Sommermorgen zogen
Weiß davon, sie wieherten.
Wolke warf den Blitz, sie flogen
Voll von Angst hin, galoppierten.

Selten graue Nüstern wittern,
Und dann nähern sie und nicken,
Ihre Augensterne zittern
In den engen Menschenblicken.

17. Carl Einstein: Tödlicher Baum

Glasig Zerstücken zerrt tauben Hals in quere Masche.
Gefetzter schwert blättrige Luft.
Dein Fleisch nährt Wind.
Auge blendet fremd Gestirn.
Verscherbter zackt in bergigem Schrei,
Gilb Wiese mit zersticktem Vorwurf.
Eitrige Silbe wölkt.
Zahn färbt rotgestotterten Dampf.
Tropfig Denken speit lockern Herbst.
Zerwesen krankt Fall;
Greist
Staubt
Wurzelt.

Griffe gegabelt jammern dir den Ast.
Aufwirft Haß in kantenen Rauten.
Kreise bleiche Körner,
Hagelgurt.
Runde träges Gift.
Ersticken türmt.

18. Hugo Ball:

KARAWANE

jolifanto bambla ô falli bambla
grossiga m'pfa habla horem
égiga goramen
higo bloiko russula huju
hollaka hollala
anlogo bung
blago bung
blago bung
bosso fataka
ü üü ü
schampa wulla wussa ólobo
hej tatta gôrem
eschige zunbada
wulubu ssubudu uluw ssubudu
tumba ba- umf
kusagauma
ba - umf

19. Hugo Ball: Intermezzo

Ich bin der große Gaukler Vauvert.
In hundert Flammen lauf ich einher.
Ich knie vor den Altären aus Sand.
Violette Sterne trägt mein Gewand.
Aus meinem Munde geht die Zeit hervor,
Die Menschen umfaß ich mit Auge und Ohr.

Ich bin aus dem Abgrund der falsche Prophet,
der hinter den Rädern der Sonne steht.
Aus dem Meere beschworen von dunkler Trompete,
flieg ich im Dunste der Lügengebete.
Das Tympanum schlag ich mit großem Schall.
Ich hüte die Leichen im Wasserfall.

Ich bin der Geheimnisse lächelnder Ketzer,
ein Buchstabenkönig und Alleszerschwätzer.
Hysteria clemens hab ich besungen
in jeder Gestalt ihre Ausschweifungen.
Ein Spötter, ein Dichter, ein Literat –
streu ich der Worte verfängliche Saat.

20. Gottfried Benn: Schöne Jugend

Der Mund eines Mädchens, das lange im Schilf gelegen hatte,
sah so angeknabbert aus.
Als man die Brust aufbrach, war die Speiseröhre so löcherig.
Schließlich in einer Laube unter dem Zwerchfell
fand man ein Nest von jungen Ratten.
Ein kleines Schwesterchen lag tot.
Die andern lebten von Leber und Niere,
tranken das kalte Blut und hatten
hier eine schöne Jugend verlebt.

Und schön und schnell kam auch ihr Tod:
Man warf sie allesamt ins Wasser.
Ach, wie die kleinen Schnauzen quietschten!

21. Gottfried Benn: Mann und Frau gehn durch die Krebsbaracke

Der Mann:
Hier diese Reihe sind zerfallene Schöße
und diese Reihe ist zerfallene Brust.
Bett stinkt bei Bett. Die Schwestern wechseln stündlich.

Komm, hebe ruhig diese Decke auf.
Sieh, dieser Klumpen Fett und faule Säfte,
das war einst irgendeinem Mann groß
und hieß auch Rausch und Heimat.

Komm, sieh auf diese Narbe an der Brust.
Fühlst du den Rosenkranz von weichen Knoten?
Fühl ruhig hin. Das Fleisch ist weich und schmerzt nicht.

Hier diese blutet wie aus dreißig Leibern.
Kein Mensch hat so viel Blut.
Hier dieser schnitt man
erst noch ein Kind aus dem verkrebsten Schoß.

Man läßt sie schlafen. Tag und Nacht. – Den Neuen
sagt man: hier schläft man sich gesund. – Nur sonntags
für den Besuch läßt man sie etwas wacher.

Nahrung wird wenig noch verzehrt. Die Rücken
sind wund. Du siehst die Fliegen. Manchmal
wäscht sie die Schwester. Wie man Bänke wäscht.

Hier schwillt der Acker schon um jedes Bett.
Fleisch ebnet sich zu Land. Glut gibt sich fort.
Saft schickt sich an zu rinnen. Erde ruft.

22. Gottfried Benn: D-Zug

Braun wie Kognak. Braun wie Laub. Rotbraun.
Malaiengelb.
D-Zug Berlin-Trelleborg und die Ostseebäder.

Fleisch, das nackt ging.
Bis in den Mund gebräunt vom Meer.
Reif gesenkt, zu griechischem Glück.
In Sichel-Sehnsucht: wie weit der Sommer ist!
Vorletzter Tag des neunten Monats schon!

Stoppel und letzte Mandel lechzt in uns.
Entfaltungen, das Blut, die Müdigkeiten,
die Georginennähe macht uns wirr.

Männerbraun stürzt sich auf Frauenbraun:

Eine Frau ist etwas für eine Nacht.
Und wenn es schön war, noch für die nächste!
Oh! Und dann wieder dies Bei-sich-selbst-Sein!
Diese Stummheiten! Dies Getriebenwerden!

Eine Frau ist etwas mit Geruch.
Unsägliches! Stirb hin! Resede.
Darin ist Süden, Hirt und Meer.
An jedem Abhang lehnt ein Glück.

Frauenhellbraun taumelt an Männerdunkelbraun:

Halte mich! Du, ich falle!
Ich bin im Nacken so müde.
Oh, dieser fiebernde süße
letzte Geruch aus den Gärten.

23. Gottfried Benn: Nachtcafé

824: Der Frauen Liebe und Leben.
Das Cello trinkt rasch mal. Die Flöte
rülpst tief drei Takte lang: das schöne Abendbrot.
Die Trommel liest den Kriminalroman zu Ende.

Grüne Zähne, Pickel im Gesicht
winkt einer Lidrandentzündung.

Fett im Haar
spricht zu offenem Mund mit Rachenmandel
Glaube Liebe Hoffnung um den Hals.

Junger Kropf ist Sattelnase gut.
Er bezahlt für sie drei Biere.

Bartflechte kauft Nelken,
Doppelkinn zu erweichen.

B-moll: die 35. Sonate.
Zwei Augen brüllen auf:
Spritzt nicht das Blut von Chopin in den Saal,
damit das Pack drauf rumlatscht!
Schluß! He, Gigi! –

Die Tür fließt hin: Ein Weib.
Wüste ausgedörrt, Kanaanitisch braun.
Keusch. Höhlenreich. Ein Duft kommt mit. Kaum Duft.
Es ist nur eine süße Vorwölbung der Luft
gegen mein Gehirn.

Eine Fettleibigkeit trippelt hinterher.

24. Gottfried Benn: Kokain

Den Ich-Zerfall, den süßen, tiefersehnten,
den gibst du mir: schon ist die Kehle rauh,
schon ist der fremde Klang an unerwähnten
Gebilden meines Ichs am Unterbau.

Nicht mehr am Schwerte, das der Mutter Scheide
entsprang, um da und dort ein Werk zu tun,
und stählern schlägt –: gesunken in die Heide,
wo Hügel kaum enthüllter Formen ruhn!

Ein laues Glatt, ein kleines Etwas, Eben –
und nun entsteigt für Hauche eines Wehns
das Ur, geballt, Nicht-seine beben
Hirnschauer mürbesten Vorübergehns.

Zersprengtes Ich – o aufgetrunkene Schwäre –
verwehte Fieber – süß zerborstene Wehr –:
verströme, o verströme du – gebäre
blutbäuchig das Entformte her.

25. Albert Ehrenstein: Auf!

Umtost vom vaterländischen Geheul
Der Wehrpflicht-Wilden auf ihrem Kriegspfad,
Zitternd, wie einer, den der Arzt
Tauglich zum Tod sprach,
Erbleicht der Mensch, ihn bedrängt
Im unauslöffelbaren Kessel die Blutsuppe.

Sonnenflecken überschatten die Erde.

Kalt gelagert umscharen die Lache,
Unterwelt, deinen See,
Die Türme der Leichen.
Der ohnmächtige Fährmann
Zerhackt das veraltete Ruder,
Zerschrotet das Boot, ihm fronen Flotten
Torpedierter Ozeandampfer als
Totenschiffe.

Schwinget endlich den fressenden Hammer
Wider Hirnschädel der Großen!

26. Max Hermann-Neisse: Notturno

Wind würgt den Wald. Wie totgeschlagen liegt
ein dunkler Teich. Ins Sterngeflacker fliegt
aus Abendrot der irre Mond. Gewölk schlägt schwer
wie nasse Segel auf das Wipfel-Meer.

... Und zwischen mich und Dich ist Finsternis
und Feld und Giebel und Gebirg gestellt,
und Sehnsucht blutet so wie Natterbiß,
und wie in Feuersbrunst ist alles Land von unsrer Liebesnot weit überhellt.

Traum trägt mich hoch, daß meine Hände wie zwei Hunde
verbissen sind an Dir. Flammen flackern von Mund zu Munde.
Wind würgt den Wald. Sterne verströmen ihr Blut.
Mond fließt in Mond. Giebel, Gebirg vergeht. Gott ist mir gut.

27. Hans Arp: Opus Null

1

Ich bin der große Derdiedas
das rigorose Regiment
der Ozonstengel prima Qua
der anonyme Einprozent.

Das P. P. Tit. und auch die Po
Posaune ohne Mund und Loch
das große Herkulesgeschirr
der linke Fuß vom rechten Koch.

Ich bin der lange Lebenslang
der zwölfte Sinn im Eierstock
der insgesamte Augustin
im lichten Zellulosenrock.

2

Er zieht aus seinem schwarzen Sarg
um Sarg um Sarg um Sarg hervor.
Er weint mit seinem Vorderteil
und wickelt sich in Trauerflor.

Halb Zauberer halb Dirigent
taktiert er ohne Alpenstock
sein grünes Ziffernblatt am Hut
und fällt von seinem Kutscherbock.

Dabei stößt er den Ghettofisch
von der möblierten Staffelei.
Sein langer Würfelstrumpf zerreißt
zweimal entzwei dreimal entdrei.

3

Er sitzt mit sich in einem Kreis.
Der Kreis sitzt mit dem eignen Leib.
Ein Sack mit einem Kamm der steht
dient ihm als Sofa und als Weib.

Der eigne Leib der eigne Sack
der Vonvon und die linke Haut
und tick und tack und tipp und topp
der eigne Leib fällt aus der Braut.

Er schwingt als Pfund aus seinem Stein
die eigne Braut im eignen Sack.
Der eigne Leib im eignen Kreis
fällt nackt als Sofa aus dem Frack.

4

Mit seiner Dampfmaschine treibt
er Hut um Hut aus seinem Hut
und stellt sie auf in Ringelreihn
wie man es mit Soldaten tut.

Dann grüßt er sie mit seinem Hut
der dreimal grüßt mit einem du.
Das traute sie vom Kakasie
ersetzt er durch das Kakadu.

Er sieht sie nicht und grüßt sie doch
er sie mit sich und läuft um sich.
Die Hüte inbegriffen sind
und deckt den Deckel ab vom Ich.

28. Georg Heym: Ophelia

I

Im Haar ein Nest von jungen Wasserratten,
Und die beringten Hände auf der Flut
Wie Flossen, also treibt sie durch den Schatten
Des großen Urwalds, der im Wasser ruht.

Die letzte Sonne, die im Dunkel irrt,
Versenkt sich tief in ihres Hirnes Schrein.
Warum sie starb? Warum sie so allein
Im Wasser treibt, das Farn und Kraut verwirrt?

Im dichten Röhricht steht der Wind. Er scheucht
Wie eine Hand die Fledermäuse auf.
Mit dunklem Fittich, von dem Wasser feucht
Stehn sie wie Rauch im dunklen Wasserlauf,

Wie Nachtgewölk. Ein langer, weißer Aal
Schlüpft über ihre Brust. Ein Glühwurm scheint
Auf ihrer Stirn. Und eine Weide weint
Das Laub auf sie und ihre stumme Qual.

II

Korn. Saaten. Und des Mittags roter Schweiß.
Der Felder gelbe Winde schlafen still.
Sie kommt, ein Vogel, der entschlafen will.
Der Schwäne Fittich überdacht sie weiß

Die blauen Lider schatten sanft herab.
Und bei der Sensen blanken Melodien
Träumt sie von eines Kusses Karmoisin
Den ewigen Traum in ihrem ewigen Grab.

Vorbei, vorbei. Wo an das Ufer dröhnt
Der Schall der Städte. Wo durch Dämme zwingt

Der weiße Strom. Der Widerhall erklingt
Mit weitem Echo. Wo herunter tönt

Hall voller Straßen. Glocken und Geläut.
Maschinenkreischen. Kampf. Wo westlich droht
In blinde Scheiben dumpfes Abendrot,
In dem ein Kran mit Riesenarmen dräut,

Mit schwarzer Stirn, ein mächtiger Tyrann,
Ein Moloch, drum die schwarzen Knechte knien.
Last schwerer Brücken, die darüber ziehn
Wie Ketten auf dem Strom, und harter Bann.

Unsichtbar schwimmt sie in der Flut Geleit.
Doch wo sie treibt, jagt weit den Menschenschwarm
Mit großem Fittich auf ein dunkler Harm,
Der schattet über beide Ufer breit.

Vorbei, vorbei. Da sich dem Dunkel weiht
Der westlich hohe Tag des Sommers spät,
Wo in dem Dunkelgrün der Wiesen steht
Des fernen Abends zarte Müdigkeit.

Der Strom trägt weit sie fort, die untertaucht,
Durch manchen Winters trauervollen Port.
Die Zeit hinab. Durch Ewigkeiten fort,
Davon der Horizont wie Feuer raucht.

29. Georg Heym: Der Gott der Stadt

Auf einem Häuserblocke sitzt er breit.
Die Winde lagern schwarz um seine Stirn.
Er schaut voll Wut, wo fern in Einsamkeit
Die letzten Häuser in das Land verirrn.

Vom Abend glänzt der rote Bauch dem Baal,
Die großen Städte knien um ihn her.
Der Kirchenglocken ungeheure Zahl
Wogt auf zu ihm aus scharzer Türme Meer.

Wie Korybanten-Tanz dröhnt die Musik
Der Millionen durch die Straßen laut.
Der Schlote Rauch, die Wolken der Fabrik
Ziehn auf zu ihm, wie Duft von Weihrauch blaut.

Das Wetter schwelt in seinen Augenbrauen.
Der dunkle Abend wird in Nacht betäubt.
Die Stürme flattern, die wie Geier schauen
Von seinem Haupthaar, das im Zorne sträubt.

Er streckt ins Dunkel seine Fleischerfaust.
Er schüttelt sie. Ein Meer von Feuer jagt
Durch eine Straße. Und der Glutqualm braust
Und frißt sie auf, bis spät der Morgen tagt.

30. Georg Heym: Der Krieg

Aufgestanden ist er, welcher lange schlief,
Aufgestanden unten aus Gewölben tief.
In der Dämmrung steht er, groß und unerkannt,
Und den Mond zerdrückt er in der schwarzen Hand.

In den Abendlärm der Städte fällt es weit,
Frost und Schatten einer fremden Dunkelheit,
Und der Märkte runder Wirbel stockt zu Eis.
Es wird still. Sie sehn sich um. Und keiner weiß.

In den Gassen faßt es ihre Schulter leicht.
Eine Frage. Keine Antwort. Ein Gesicht erbleicht.

In der Ferne wimmert ein Geläute dünn
Und die Bärte zittern um ihr spitzes Kinn.

Auf den Bergen hebt er schon zu tanzen an
Und er schreit: Ihr Krieger alle, auf und an.
Und es schallet, wenn das schwarze Haupt er schwenkt,
Drum von tausend Schädeln laute Kette hängt.

Einem Turm gleich tritt er aus die letzte Glut,
Wo der Tag flieht, sind die Ströme schon voll Blut.
Zahllos sind die Leichen schon im Schilf gestreckt,
Von des Todes starken Vögeln weiß bedeckt.

Über runder Mauern blauem Flammenschwall
Steht er, über schwarzer Gassen Waffenschall.
Über Toren, wo die Wächter liegen quer,
Über Brücken, die von Bergen Toter schwer.

In die Nacht er jagt das Feuer querfeldein
Einen roten Hund mit wilder Mäuler Schrein.
Aus dem Dunkel springt der Nächte schwarze Welt,
Von Vulkanen furchtbar ist ihr Rand erhellt.

Und mit tausend roten Zipfelmützen weit
Sind die finstren Ebnen flackend überstreut,
Und was unten auf den Straßen wimmelt hin und her,
Fegt er in die Feuerhaufen, daß die Flamme brenne mehr.

Und die Flammen fressen brennend Wald um Wald,
Gelbe Fledermäuse zackig in das Laub gekrallt.
Seine Stange haut er wie ein Köhlerknecht
In die Bäume, daß das Feuer brause recht.

Eine große Stadt versank in gelbem Rauch,
Warf sich lautlos in des Abgrunds Bauch.
Aber riesig über glühnden Trümmern steht
Der in wilde Himmel dreimal seine Fackel dreht,

Über sturmzerfetzter Wolken Widerschein,
In des toten Dunkels kalte Wüstenein,
Daß er mit dem Brande weit die Nacht verdorr,
Pech und Feuer träufet unten auf Gomorrh.

31. Georg Heym: Printemps

Ein Feldweg, der in weißen Bäumen träumt,
In Kirschenblüten, zieht fern über Feld.
Die hellen Zweige, feierlich erhellt
Zittern im Abend, wo die Wolke säumt,

Ein düstrer Berg, den Tag mit goldnem Grat,
Ganz hinten, wo ein kleiner Kirchturm blinkt.
Des Glöckchen sanft im lichten Winde klingt
Herüber goldnen Tons auf grüner Saat.

Ein Ackerer geht groß am Himmelsrand.
Davor, wie Riesen schwarz, der Stiere Paar,
Ein Dämon vor des Himmels tiefer Glut

Und eine Mühle faßt der Sonne Haar
Und wirbelt ihren Kopf von Hand zu Hand
Auf schwarze Au, der langsam sinkt, voll Blut.

32. Georg Heym: Die Irren

Der Mond tritt aus der gelben Wolkenwand.
Die Irren hängen an den Gitterstäben,
Wie große Spinnen, die an Mauern kleben.
Entlang den Gartenzaun fährt ihre Hand.

In offnen Sälen sieht man Tänzer schweben.
Der Ball der Irren ist es. Plötzlich schreit
Der Wahnsinn auf. Das Brüllen pflanzt sich weit,
Daß alle Mauern von dem Lärme beben.

Mit dem er eben über Hume gesprochen,
Den Arzt ergreift ein Irrer mit Gewalt.
Er liegt im Blut. Sein Schädel ist zerbrochen.

Der Haufe Irrer schaut vergnügt. Doch bald
Enthuschen sie, da fern die Peitsche knallt,
Den Mäusen gleich, die in die Erde krochen.

33. Jakob van Hoddis:
Weltende

Dem Bürger fliegt vom spitzen Kopf der Hut,
In allen Lüften hallt es wie Geschrei.
Dachdecker stürzen ab und gehn entzwei
Und an den Küsten – liest man – steigt die Flut.

Der Sturm ist da, die wilden Meere hupfen
An Land, um dicke Dämme zu zerdrücken.
Die meisten Menschen haben einen Schnupfen.
Die Eisenbahnen fallen von den Brücken.

34. Jakob van Hoddis:
Kinematograph

Der Saal wird dunkel. Und wir sehn die Schnellen
Der Ganga, Palmen, Tempel auch des Brahma,
Ein lautlos tobendes Familiendrama
Mit Lebemännern dann und Maskenbällen.

Man zückt Revolver. Eifersucht wird rege,
Herr Piefke duelliert sich ohne Kopf.
Dann zeigt man uns mit Kiepe und mit Kropf
Die Älplerin auf mächtig steilem Wege.

Es zieht ihr Pfad sich bald durch Lärchenwälder,
Bald krümmt er sich und dräuend steigt die schiefe
Felswand empor. Die Aussicht in der Tiefe
Beleben Kühe und Kartoffelfelder.

Und in den dunklen Raum – mir ins Gesicht –
Flirrt das hinein, entsetzlich! nach der Reihe!
Die Bogenlampe zischt zum Schluß nach Licht –
Wir schieben geil und gähnend uns ins Freie.

35. Kurt Schwitters: Banalitäten aus dem Chinesischen

Fliegen haben kurze Beine.
Eile ist des Witzes Weile.
Rote Himbeeren sind rot.
Das Ende ist der Anfang jedes Endes.
Der Anfang ist das Ende jeden Anfangs.
Banalität ist jeden Bürgers Zier.
Das Bürgertum ist aller Bürger Anfang.
Würze ist des Witzes Kürze.
Jede Frau hat eine Schürze.
Jeder Anfang hat sein Ende.
Die Welt ist voll von klugen Leuten.
Kluge ist dumm.
Nicht alles, was man Expressionismus nennt,
ist Ausdruckskunst.
Kluge ist immer noch dumm.
Dumme ist klug.
Kluge bleibt dumm.

36. Georg Trakl:
Vorstadt im Föhn

Am Abend liegt die Stätte öd und braun,
Die Luft von gräulichem Gestank durchzogen.
Das Donnern eines Zugs vom Brückenbogen –
Und Spatzen flattern über Busch und Zaun.

Geduckte Hütten, Pfade wirr verstreut,
In Gärten Durcheinander und Bewegung,
Bisweilen schwillt Geheul aus dumpfer Regung,
In einer Kinderschar fliegt rot ein Kleid.

Am Kehricht pfeift verliebt ein Rattenchor.
In Körben tragen Frauen Eingeweide,
Ein ekelhafter Zug voll Schmutz und Räude,
Kommen sie aus der Dämmerung hervor.

Und ein Kanal speit plötzlich feistes Blut
Vom Schlachthaus in den stillen Fluß hinunter.
Die Föhne färben karge Stauden bunter
Und langsam kriecht die Röte durch die Flut.

Ein Flüstern, das in trübem Schlaf ertrinkt.
Gebilde gaukeln auf aus Wassergräben,
Vielleicht Erinnerung an ein früheres Leben,
Die mit den warmen Winden steigt und sinkt.

Aus Wolken tauchen schimmernde Alleen,
Erfüllt von schönen Wägen, kühnen Reitern.
Dann sieht man auch ein Schiff auf Klippen scheitern
Und manchmal rosenfarbene Moscheen.

37. Georg Trakl: Dämmerung

Im Hof, verhext von milchigem Dämmerschein,
Durch Herbstgebräuntes weiche Kranke gleiten.
Ihr wächsern-runder Blick sinnt goldner Zeiten,
Erfüllt von Träumerei und Ruh und Wein.

Ihr Siechentum schließt geisterhaft sich ein.
Die Sterne weiße Traurigkeit verbreiten.
Im Grau, erfüllt von Täuschung und Geläuten,
Sieh, wie die Schrecklichen sich wirr zerstreun.

Formlose Spottgestalten huschen, kauern
Und flattern sie auf schwarz-gekreuzten Pfaden.
O! trauervolle Schatten an den Mauern.

Die andern fliehn durch dunkelnde Arkaden;
Und nächtens stürzen sie aus roten Schauern
Des Sternenwinds, gleich rasenden Mänaden.

38. Georg Trakl: Grodek

2. Fassung

Am Abend tönen die herbstlichen Wälder
Von tödlichen Waffen, die goldnen Ebenen
Und blauen Seen, darüber die Sonne
Düstrer hinrollt; umfängt die Nacht
Sterbende Krieger, die wilde Klage
Ihrer zerbrochenen Münder.
Doch stille sammelt im Weidengrund
Rotes Gewölk, darin ein zürnender Gott wohnt,
Das vergoßne Blut sich, mondne Kühle;
Alle Straßen münden in schwarze Verwesung.

Unter goldnem Gezweig der Nacht und Sternen
Es schwankt der Schwester Schatten durch den schweigenden Hain,
Zu grüßen die Geister der Helden, die blutenden Häupter;
Und leise tönen im Rohr die dunkeln Flöten des Herbstes.
O stolzere Trauer! ihr ehernen Altäre,
Die heiße Flamme des Geistes nährt heute ein gewaltiger Schmerz,
Die ungebornen Enkel.

39. Georg Trakl:
Der Herbst des Einsamen

Der dunkle Herbst kehrt ein voll Frucht und Fülle,
Vergilbter Glanz von schönen Sommertagen.
Ein reines Blau tritt aus verfallener Hülle;
Der Flug der Vögel tönt von alten Sagen.
Gekeltert ist der Wein, die milde Stille
Erfüllt von leiser Antwort dunkler Fragen.

Und hier und dort ein Kreuz auf ödem Hügel;
Im roten Wald verliert sich eine Herde.
Die Wolke wandert übern Weiherspiegel;
Es ruht des Landmanns ruhige Geberde.
Sehr leise rührt des Abends blauer Flügel
Ein Dach von dürrem Stroh, die schwarze Erde.

Bald nisten Sterne in des Müden Brauen;
In kühle Stuben kehrt ein still Bescheiden
Und Engel treten leise aus den blauen
Augen der Liebenden, die sanfter leiden.
Es rauscht das Rohr; anfällt ein knöchern Grauen,
Wenn schwarz der Tau tropft von den kahlen Weiden.

40. Georg Trakl: Kaspar Hauser Lied

Für Bessie Loos

Er wahrlich liebte die Sonne, die purpurn den Hügel hinabstieg,
Die Wege des Walds, den singenden Schwarzvogel
Und die Freude des Grüns.

Ernsthaft war sein Wohnen im Schatten des Baums
Und rein sein Antlitz.
Gott sprach eine sanfte Flamme zu seinem Herzen:
O Mensch!

Stille fand sein Schritt die Stadt am Abend;
Die dunkle Klage seines Munds:
Ich will ein Reiter werden.

Ihm aber folgte Busch und Tier,
Haus und Dämmergarten weißer Menschen
Und sein Mörder suchte nach ihm.

Frühling und Sommer und schön der Herbst
Des Gerechten, sein leiser Schritt
An den dunklen Zimmern Träumender hin.
Nachts blieb er mit seinem Stern allein;

Sah, daß Schnee fiel in kahles Gezweig
Und im dämmernden Hausflur den Schatten des Mörders.

Silbern sank des Ungebornen Haupt hin.

41. Georg Trakl:
Delirium

Der schwarze Schnee, der von den Dächern rinnt;
Ein roter Finger taucht in deine Stirne
Ins kahle Zimmer sinken blaue Firne,
Die Liebender erstorbene Spiegel sind.
In schwere Stücke bricht das Haupt und sinnt
Den Schatten nach im Spiegel blauer Firne.
Dem kalten Lächeln einer toten Dirne.
In Nelkendüften weint der Abendwind.

42. Alfred Wolfenstein:
Im Bestienhaus

Ich gleite traurig rings umgittert von den Tieren
Durchs brüllende Haus am Stoß der Stäbe hin und her,
Und blicke weit in ihren Blick wie weit hinaus auf Meer
In ihre Freiheit ... die die schönen nie verlieren.

Der harte Takt der engen Stadt und Menschheit zählt
An meinen Zehn, doch lose schreiten Einsamkeiten
Im Tigerknie, und seine baumgestreiften Seiten
Sind nur der ganz bewachsnen Erde eng vermählt.

Ach ihre reinen heißen Seelen fühlt mein Wille
Und ich zerschmelze sehnsuchtsvoller als ein Weib.
Des Jaguars Blitze gelb aus seinem Sturmnachtleib
Empfängt mein Schneegesicht und winzige Pupille.

Der Adler sitzt wie Statuen still und scheinbar schwer
Und aufwärts aufwärts in Bewegung ungeheuer!
Sein Auftrieb greift in mich und spannt mich in sein Steuer
... Ich bleibe still, ich bin von Stein, es fliegt nur er.

Es steigen hoch der Elefanten graue Eise,
Gebirge, nur von Riesengeistern noch bewohnt:
Von Wucht und Glut des freien Alls bin ich umthront,
Und stehe eingesperrt in ihrem wilden Kreise.

43. Alfred Wolfenstein: Städter

Dicht wie Löcher eines Siebes stehn
Fenster beieinander, drängend fassen
Häuser sich so dicht an, daß die Straßen
Grau geschwollen wie Gewürgte sehn.

Ineinander dicht hineingehakt
Sitzen in den Trams die zwei Fassaden
Leute, ihre nahen Blicke baden
Ineinander, ohne Scheu befragt.

Unsre Wände sind so dünn wie Haut,
Daß ein jeder teilnimmt, wenn ich weine.
Unser Flüstern, Denken ... wird Gegröhle ...

– Und wie still in dick verschloßner Höhle
Ganz unangerührt und ungeschaut
Steht ein jeder fern und fühlt: alleine.

44. Alfred Lichtenstein: Die Dämmerung

Ein dicker Junge spielt mit einem Teich.
Der Wind hat sich in einem Baum gefangen.
Der Himmel sieht verbummelt aus und bleich,
Als wäre ihm die Schminke ausgegangen.

Auf lange Krücken schief herabgebückt
Und schwatzend kriechen auf dem Feld zwei Lahme.
Ein blonder Dichter wird vielleicht verrückt.
Ein Pferdchen stolpert über eine Dame.

An einem Fenster klebt ein fetter Mann.
Ein Jüngling will ein weiches Weib besuchen.
Ein grauer Clown zieht sich die Stiefel an.
Ein Kinderwagen schreit und Hunde fluchen.

45. Alfred Lichtenstein: Sommerfrische

Der Himmel ist wie eine blaue Qualle.
Und rings sind Felder, grüne Wiesenhügel –
Friedliche Welt, du große Mausefalle,
Entkäm' ich endlich dir ... O hätt' ich Flügel –

Man würfelt. Säuft. Man schwatzt von Zukunftsstaaten.
Ein jeder übt behaglich seine Schnauze.
Die Erde ist ein fetter Sonntagsbraten,
Hübsch eingetunkt in süße Sonnensauce.

Wär' doch ein Wind ... zerriss' mit Eisenklauen
Die sanfte Welt. Das würde mich ergetzen.
Wär' doch ein Sturm ... der müßt' den schönen blauen
Ewigen Himmel tausendfach zerfetzen.

46. Alfred Lichtenstein: Nebel

Ein Nebel hat die Welt so weich zerstört.
Blutlose Bäume lösen sich in Rauch.
Und Schatten schweben, wo man Schreie hört.
Brennende Biester schwinden hin wie Hauch.

Gefangne Fliegen sind die Gaslaternen.
Und jede flackert, daß sie noch entrinne.
Doch seitlich lauert glimmend hoch in Fernen
Der giftge Mond, die fette Nebelspinne.

Wir aber, die, verrucht, zum Tode taugen,
Zerschreiten knirschend diese wüste Pracht.
Und stechen stumm die weißen Elendsaugen
Wie Spieße in die aufgeschwollne Nacht.

47. Alfred Lichtenstein: Punkt

Die wüsten Straßen fließen lichterloh
Durch den erloschnen Kopf. Und tun mir weh.
Ich fühle deutlich, daß ich bald vergeh –
Dornrosen meines Fleisches, stecht nicht so.

Die Nacht verschimmelt. Giftlaternenschein
Hat, kriechend, sie mit grünem Dreck beschmiert.
Das Herz ist wie ein Sack. Das Blut erfriert.
Die Welt fällt um. Die Augen stürzen ein.

48. Ernst Blass: Der Nervenschwache

Mit einer Stirn, die Traum und Angst zerfraßen,
Mit einem Körper, der verzweifelt hängt
An einem Seile, das ein Teufel schwenkt,
– So läuft er durch die langen Großstadtstraßen.

Verschweinte Kerle, die die Straße kehren,
Verkohlen ihn; schon gröhlt er arienhaft:
»Ja, ja – ja, ja! Die Leute haben Kraft!
Mir wird ja nie, ja nie ein Weib gebären

Mir je ein Kind!« Der Mond liegt wie ein Schleim
Auf ungeheuer nachtendem Velours.
Die Sterne zucken zart wie Embryos
An einer unsichtbaren Nabelschnur.

Die Dirnen züngeln im geschloßnen Munde,
Die Dirnen, die ihn welkend weich umwerben.
Ihn ängsten Darmverschlingung, Schmerzen, Sterben,
Zuhältermesser und die großen Hunde.

49. Ernst Blass: Autofahrt

. . . rast weiter über menschenlosen Platz,
Geld, keuchend, zwischen Träumen und Erwachen,
Rings Nebel, die Gebüsche blinder machen,
Das Auto dreht . . . in einem Satz.

Ich liege nur, mein Herz ward ausgerenkt,
Bin ich hier nicht am Brandenburger Tor?
Rechts steigt der Himmel dunstig schief empor,
Wo klein der Mond, ein weißer Tropfen, hängt.

50. Gerrit Engelke: Auf der Straßenbahn

Wie der Wagen durch die Kurve biegt,
Wie die blanke Schienenstrecke vor ihm liegt:
Walzt er stärker, schneller.

Die Motore unterm Boden rattern,
Von den Leitungsdrähten knattern
Funken.

Scharf vorüber an Laternen, Frauenmoden,
Bild an Bild, Ladenschild, Pferdetritt, Menschenschritt –
Schütternd walzt und wiegt der Wagenboden,
Meine Sinne walzen, wiegen mit!:
Voller Strom! Voller Strom!

Der ganze Wagen, mit den Menschen drinnen,
Saust und summt und singt mit meinen Sinnen.
Das Wagensingen sausebraust, es schwillt!
  Plötzlich schrillt
  Die Klingel! –
Der Stromgesang ist aus –
Ich steige aus –
  Weiter walzt der Wagen.

51. Walter Hasenclever: Der Schauspieler

An Ernst Deutsch

Brich, Raubtier, aus des Zweifels Ketten!
Kulisse fällt. Das Morgenrot von Städten
Tropft aus der Wunde deiner Leidenschaft.

Du liebst in Wolken. Stirbst in Betten.
Musik umschürt den Aufruhr deiner Kraft.
Du wirst das Hymnische des Geistes retten,

Der deinen Körper durch das Wort erschafft.
Ich grüße dich aus trommelndem Orkan.
Du Bruder meines Rausches, meiner Träume,

Wie du dich schwingst durch die gedachten Räume,
Umkreisend dunkler Völker riesige Bahn:
Fühl ich mich eins mit Dir geboren.

Du lebst! So sind die Taten nicht verloren.
Es atmet um die Wiege unsrer Horen
Der gleiche Schoß von Frauen und von Müttern.

Entbrenne, Träne, von des Grabes Toren
Atlantischer Ferne zügellosem Lauf.
O Süßigkeit, die Menschen zu erschüttern!

Der Vorhang stürzt. Wir brechen auf.

52. Klabund: Der Krüppel

Er schleppt das Bein wie einen Eisenstock.
Vornüber wankt er. Aus dem breiten Munde
Fließt Speichel auf den schlechtgeputzten Rock.
Die Augen schielen auswärts: graue Hunde

An einem Pflock zuckt wild nach seiner Seite
Ein jedes. Spitz in Birnenform der Kopf.
Wie eine Bürste steht das Haar am Schopf.
Es kreist der Kopf am Rumpf. Ihm zum Geleite

Die affenmäßig dünnen Arme schlottern.
Hört man ihn sprechen, scheut man die Berührung,
Denn auch sein Geist ist häßliche Verführung –
Er bleibt allein – und muß in sich verlottern.

53. Ernst Wilhelm Lotz: Aufbruch der Jugend

Die flammenden Gärten des Sommers, Winde, tief und voll Samen,
Wolken, dunkel gebogen, und Häuser, zerschnitten vom Licht.
Müdigkeiten, die aus verwüsteten Nächten über uns kamen,
Köstlich gepflegte, verwelkten wie Blumen, die man sich bricht.

Also zu neuen Tagen erstarkt wir spannen die Arme,
Unbegreiflichen Lachens erschüttert, wie Kraft, die sich staut,
Wie Truppenkolonnen, unruhig nach Ruf der Alarme,
Wenn hoch und erwartet der Tag überm Osten blaut.

Grell wehen die Fahnen, wir haben uns heftig entschlossen,
Ein Stoß ging durch uns, Not schrie, wir rollen geschwellt,
Wie Sturmflut haben wir uns in die Straßen der Städte ergossen
Und spülen vorüber die Trümmer zerborstener Welt.

Wir fegen die Macht und stürzen die Throne der Alten,
Vermoderte Kronen bieten wir lachend zu Kauf,
Wir haben die Türen zu wimmernden Kasematten zerspalten
Und stoßen die Tore verruchter Gefängnisse auf.

Nun kommen die Scharen Verbannter, sie strammen die Rücken,
Wir pflanzen Waffen in ihre Hand, die sich fürchterlich krampft,
Von roten Tribünen lodert erzürntes Entzücken,
Und türmt Barrikaden, von glühenden Rufen umdampft.

Beglänzt von Morgen, wir sind die verheißnen Erhellten,
Von jungen Messiaskronen das Haupthaar umzackt,
Aus unsern Stirnen springen leuchtende, neue Welten,
Erfüllung und Künftiges, Tage, sturmüberflaggt!

54. Franz Werfel:
An den Leser

Mein einziger Wunsch ist, Dir, o Mensch, verwandt zu sein!
Bist du Neger, Akrobat, oder ruhst Du noch in tiefer Mutterhut,
Klingt Dein Mädchenlied über den Hof, lenkst Du Dein Floß im Abendschein,
Bist Du Soldat oder Aviatiker voll Ausdauer und Mut.

Trugst Du als Kind auch ein Gewehr in grüner Armschlinge?
Wenn es losging, entflog ein angebundener Stöpsel dem Lauf.
Mein Mensch, wenn ich Erinnerung singe,
Sei nicht hart, und löse Dich mit mir in Tränen auf!

Denn ich habe alle Schicksale durchgemacht. Ich weiß
Das Gefühl von einsamen Harfenistinnen in Kurkapellen,
Das Gefühl von schüchternen Gouvernanten im fremden Familienkreis,
Das Gefühl von Debutanten, die sich zitternd vor den Souffleurkasten stellen.

Ich lebte im Walde, hatte ein Bahnhofsamt,
Saß gebeugt über Kassabücher und bediente ungeduldige Gäste.
Als Heizer stand ich vor Kesseln, das Antlitz grell überflammt,
Und als Kuli aß ich Abfall und Küchenreste.

So gehöre ich Dir und allen!
Wolle mir, bitte, nicht widerstehn!
Oh, könnte es einmal geschehn,
Daß wir uns, Bruder, in die Arme fallen!

55. Franz Werfel: Revolutions-Aufruf

Komm, Sintflut der Seele, Schmerz, endloser Strahl!
Zertrümmre die Pfähle, den Damm und das Tal!
Brich aus Eisenkehle! Dröhne du Stimme von Stahl!

Blödes Verschweigen! Behaglicher Sinn,
Geh mir mit deinem toten Ich bin!
Ach, nur das Weinen reißt uns zum Reinen hin.

Laß nur die Mächte treten den Nacken dir,
Stemmt auch das Schlechte zahllose Zacken dir,
Sieh das Gerechte feurig fährt aus den Schlacken dir.

Wachsend erkenne das Vermaledeit!
Brüllend verbrenne im Wasser und Feuer-Leid!
Renne renne renne gegen die alte, die elende Zeit!!

56. Johannes R. Becher: Der Dichter meidet strahlende Akkorde

Der Dichter meidet strahlende Akkorde.
Er stößt durch Tuben, peitscht die Trommel schrill.
Er reißt das Volk auf mit gehackten Sätzen.

Ich lerne. Ich bereite vor. Ich übe mich.
Wie arbeite ich – hah leidenschaftlich! –
Gegen mein noch unplastisches Gesicht –:
Falten spanne ich.
Die Neue Welt
(– eine solche: die alte, die mystische,
  die Welt der Qual austilgend –)
Zeichne ich, möglichst korrekt, darin ein.
Eine besonnte, eine äußerst gegliederte,
  eine *geschliffene* Landschaft schwebt mir vor,
Eine Insel glückseliger Menschheit.
Dazu bedarf es viel. (Das weiß er auch längst sehr wohl.)

O Trinität des Werks: Erlebnis, Formulierung, Tat.

Ich lerne. Bereite vor. Ich übe mich.

... bald werden sich die Sturzwellen meiner Sätze
  zu einer unerhörten Figur verfügen.
Reden. Manifeste. Parlament. Der Experimentalroman.
Gesänge von Tribünen herab vorzutragen.

Der neue, der heilige Staat
Sei gepredigt, dem Blut der Völker,
  Blut von ihrem Blut, eingeimpft.
Restlos sci cr gestaltet.
Paradies setzt ein.
– Laßt uns die Schlagwetter-Atmosphäre verbreiten! –
Lernt! Vorbereitet! Übt euch!

57. Johannes R. Becher: Die neue Syntax

Die Adjektiv-bengalischen-Schmetterlinge
Sie kreisen tönend um des Substantivs erhabenen
Quaderbau.
Ein Brückenpartizip muß schwingen! schwingen!!
Derweil das kühne Verb sich klirrend Aeroplan in
Höhen schraubt.

Artikeltanz zückt nett die Pendelbeinchen.
In Kicherrhythmen schaukelt ein Parkett.
Da aber springt metallisch tönend eine reine
Strophe heraus aus dem Trapez. Die Kett'

Der Straßenbogenlampen ineinander splittern.
Trotz jener buntesten Dame heiligem Vokativ.
Ein junger Dichter sich Subjekte kittet.
Bohrt des Objekts Tunnel ... Imperativ

Schnellt steil empor. Phantastische Sätzelandschaft
überzüngelnd.
Bläst sieben Hydratuben. Das Gewölke fällt.
Und Blaues fließt. Geharnischte Berge dringen.
So blühen auf wir in dem Glanz mailichter Überwelt.

58. Johannes R. Becher: Der Idiot

Er schwirrte durch der großen Städte Flucht. Das traf ihn
schwer.
Auf hohlen Plätzen tosten Glitzer-Feste.
Staubwirbel bliesen ihn durch grüner Abendhimmel flaches
Meer.
Er hockte heulend nachts auf Kuppeln brennender Paläste.

Und seine Straße warf sich steil empor und schraubte
Sich hoch hinaus bis an vergilbten Mondes Zackenrand,
Wo bog sie um und sprang zum Abendstern, der schnaubte,
Spie Feuer, riß rückwärts sie, daß stöhnend sie sich niederwand.

Er schlug, die Augen grün, Schaum dick ums Maul,
Auf heißes Pflaster. Säule ward sein Schrei.
Ganz leise sang ein Droschkengaul
Und weiße Schleier wehten dicht vorbei.

Es stürzten Türme groß und Mauern drob zusammen.
Auf allen Dächern tosten Flammen laut.
Die Dome knieten nieder. Berge schwammen
Zur Stadt herein, von Regenbogen kreuzweis überbaut.

Da fuhr ein greller Strahl durch sein Gehirn.
Es gellte. Mövenschwärme schreckten auf.
Blütenwälder weiß begruben ihn.

59. Yvan Goll: Der Torso

Erste Fassung

IV

Europa, du schütternder Torso!
Auf dem Sockel der Massengräber stehst du, tief
Im Jahrhundertschutt der Schlachten.
Nichts als ein schwarzer Knäuel, ein rauher
Krampf der Erde gegen den Himmel.
Du massige Anklage gegen den Menschen: Torso,
Du unsterbliches Denkmal des Mords,
Um dich tanzen die nächsten Sieger schon, du
Götze des eisernen Kriegs.

Gelbes Meer wird kommen, dich umrauschen. Die
Weißen Neger von Amerika werden dich umschleichen.
All deine Freiheit wird als schöner Traum entflattern
Deine Märtyrer werden ihre Tyrannen
Auf Knien küssen.
Auf dem Newsky-Prospekt wird ewiges Begräbnis
sein. In Kaiserschlössern harter Tower ein-
gerichtet.
Europa, du bröckelnder Torso, du Rumpf der Welt!

60. Richard Huelsenbeck: Der Idiot

Die grauen Kiemen sind herabgelassen
die Ohren weit und mühsam aufgesperrt;
Aus Augen blöd auf ungeheure Massen
von Welten starrend. Exkrement der Rassen.

Um ihn sie klappern mit den Tischgeräten,
mit roten Tüchern reizen sie den Stier,
Er aber sinkt und schwimmt, von hier
entfernt auf blauen Tulpenbeeten.

Die Ampel ist vor seiner Nase aufgehängt;
Er rührt sie kaum die langen Affenarme,
er brüllt im Lachen doch er scheint gedrängt
zur Wehmut und zum allertiefsten Harme.

In Kirchen sind die roten Teppiche gehängt;
Ein Priester, geil, will ihn mit Pinseln waschen.
Da brennt der Wagen. Die Beamten haschen
vor dem Altar ihn, wo die Kerzen schlendern.

Er stemmt die Arme gegen feste Riemen,
die Ziemer knacken, hart sind Eisenstangen,

und Wände, die im Tanze ihn umsprangen,
zerreißen die herabgelassenen Kiemen.

Ein Kolibri sitzt zwitschernd auf dem Aas,
die Zweige streicheln sorgsam seine Beine,
die aufgereckt wie Wegweiser aus seinem
Bauche glotzen. Im blanken Sonnenscheine.

Mistkäfer gröhlen tief in seinen Lenden;
Die haben sich am Eiter, warm, bezecht.
Ein Bauernkind wirft Steine nach den Enden
seiner Zehen. Auf ihn scheißt ein Knecht.

61. Ernst Toller:
Spaziergang der Sträflinge

Sie schleppen ihre Zellen mit in stumpfen Augen
und stolpern, lichtentwöhnte Pilger, im Quadrat.
Gezackte Fenster glotzen schrill und saugen
wie Ungeziefer Blut zur winterlichen Saat.

Im Eck die Wärter träge lauern.
Von Sträuchern, halb verkümmert, rinnt ein trüber Dunst.
Der kriecht empor an grauen Mauern
und gattet sie in ekler Brunst.

Vorm Tore hilflos starb der Stadt Gewimmel.
»Am Unrathaufen wird im Frühling Grünes sprießen ...«
denkt einer ... endet mühsam die gewohnte Runde.

Verweilt und blinzelt matt zum Himmel.
Er öffnet sich wie bläulich rote Wunde,
die brennt und brennt und will sich nimmer schließen.

62. Bertolt Brecht: Vom ertrunkenen Mädchen

1

Als sie ertrunken war und hinunterschwamm
Von den Bächen in die größeren Flüsse
Schien der Opal des Himmels sehr wundersam
Als ob er die Leiche begütigen müsse.

2

Tang und Algen hielten sich an ihr ein
So daß sie langsam viel schwerer ward.
Kühl die Fische schwammen an ihrem Bein
Pflanzen und Tiere beschwerten noch ihre letzte Fahrt.

3

Und der Himmel ward abends dunkel wie Rauch
Und hielt nachts mit den Sternen das Licht in Schwebe.
Aber früh ward er hell, daß es auch
Noch für sie Morgen und Abend gebe.

4

Als ihr bleicher Leib im Wasser verfaulet war
Geschah es (sehr langsam), daß Gott sie allmählich vergaß
Erst ihr Gesicht, dann die Hände und ganz zuletzt erst ihr Haar.
Dann ward sie Aas in Flüssen mit vielem Aas.

III. Arbeitsvorschläge

Die Textsammlung ist so angelegt, daß der Leser sie – trotz aller Schwierigkeiten, die nun einmal mit der Rezeption moderner Lyrik verbunden sind – auch im individuellen Lektüreprozeß erkunden kann. Dabei wird er übergreifende gedankliche und stilistische Zusammenhänge entdecken, die Gedichte als ein Ensemble von unterschiedlichen Stimmen wahrnehmen, die zueinander in Beziehung stehen in Frage und Antwort, Zuspruch und Absage, Rechtfertigung und Kritik.
In den einzelnen Abschnitten des Kommentar- und Arbeitsteils werden Gesichtspunkte vorgestellt, mit deren Hilfe die Gedichte interpretiert, gruppiert und miteinander verglichen werden können. Dabei handelt es sich um wichtige thematische, stilistische und ästhetische Aspekte, die in ihrer Gesamtheit ein Bild von den (literar)historischen Voraussetzungen, Motiven, poetischen Verfahrensweisen und Zielen der expressionistischen Lyriker vermitteln. Die einzelnen Abschnitte enthalten außerdem historische und poetologische Hintergrundinformationen zu den jeweiligen Gesichtspunkten und bieten weitere Anregungen für die Erschließung und vergleichende Betrachtung der Gedichte.

A. Programmatik: Aufbruch/Revolution

Wer sich die Aufbruchstimmung, das Sendungsbewußtsein, die revolutionären Ziele und die utopische Sehnsucht der expressionistischen Bewegung vergegenwärtigen will, braucht nur einen Blick auf die Titel der nach 1910 herausgegebenen expressionistischen Zeitschriften und Anthologien zu werfen: *Der Sturm*, *Die Aktion*, *Der Orkan*, *Das neue Pathos*, *Menschheitsdämmerung*, so und ähnlich lauten die Titel. In ihnen äußern sich Verkündigungspathos und Veränderungswille der expressionistischen Generation, vor allem aber ihr Bewußtsein, sich von den politischen, sozialen und ästhetischen Fesseln der Vergangenheit zu befreien, neu anfangen zu wollen. Besonders in den Gedichten unmittelbar vor Ausbruch und zu Beginn des Krieges artikuliert sich die Aufbruchstimmung der jungen Dichter. In den Gedichten Stadlers, Hasenclevers, Werfels und Bechers wird dem verlogenen Bildungsphilister der Kampf angesagt und in hymnisch-dithyrambischen Tönen die Erneuerung des Menschen beschworen. Hier bieten sich zahlreiche Möglichkeiten, durch Interpretationen und Vergleiche, die unterschiedlichen Akzente, welche die Autoren setzen, herauszuarbeiten. Geht man in seinen Betrachtungen etwa von Stadlers Gedicht *Form ist Wollust* (13) aus, so lassen sich z. B. erste Differenzqualitäten zwischen Expressionismus und Symbolismus/Ästhetizismus verdeutlichen.

Fragen und Aufgaben:

- Was meint Stadler mit der im Titel vorgestellten These?
- Mit welchen Merkmalen kennzeichnet er in seinem Gedicht die Form?
- Untersuchen Sie das Verhältnis von Form, Ich und Welt.
- Beschreiben Sie die poetische Form des Gedichts (Vers, Reim, Wiederholungsfiguren). Wie verhält sie sich zu den Absichten des Autors?

Will man dem poetologischen Selbstverständnis, den Ideen und Zielen Stadlers auf der Spur bleiben, so sind weitere Gedichte des Autors (12, 14) heranzuziehen; will man der Formgebung nach andere, aber inhaltlich ähnliche Positionen kennenlernen, so empfiehlt es sich, Gedichte von Lotz (53), Becher (56, 57), Werfel (54, 55) und Hasenclever (51) in die Betrachtung einzubeziehen.

Fragen und Aufgaben:

- Worin liegen die Gemeinsamkeiten in Lotz' *Aufbruch der Jugend* (53) und Stadlers *Form ist Wollust* (13)?
- Vergleichen Sie Becher: *Der Dichter meidet strahlende*

Akkorde (56) mit Stadler: *Form ist Wollust* (13). Beachten Sie dabei Vers, Gedichtform, Wortwahl, Bildlichkeit und Syntax.

- Belegen und erläutern Sie an Bechers Gedicht (56) Elemente des hymnischen Stils.
- Die Lyrik von Becher, Werfel und Hasenclever ist häufig als messianischer Expressionismus charakterisiert worden. Verdeutlichen Sie diese Bestimmung an Gedichten der Autoren, indem Sie die in ihnen angelegte kommunikative Situation rekonstruieren. Beantworten Sie dabei folgende Fragen:
  Welches Selbstverständnis hat das lyrische Ich? Wen spricht es an? Welche Ziele verfolgt es? Mit welchen Begriffen und rhetorischen Mitteln arbeitet der Autor, um seine Wirkungsintentionen zu verdeutlichen? Wie beurteilen Sie heute die visionären, ekstatischen Elemente, das Verkündigungs- und Oh-Mensch-Pathos in den Gedichten von Stadler, Becher, Werfel und Hasenclever? Erörtern Sie mögliche Gefahren des in ihnen zum Ausdruck kommenden, messianischen Sendungsbewußtseins.

B. Weltuntergang

Das pathetisch geäußerte Verlangen expressionistischer Lyriker, den Menschen und die Gesellschaft zu erneuern, setzt tiefgreifende Erfahrungen von sozialen Verhältnissen voraus, in denen der Mensch sich unfrei, verunsichert und isoliert fühlt, denen er sich ausgeliefert sieht. Empfindungen des Verlorenseins, des Ekels und der Angst, das Bewußtsein der Verdinglichung des Subjekts und der Abhängigkeit von einer fremden, übermächtigen Dingwelt, aus solchen und ähnlichen Erfahrungen entspringt das leidenschaftliche Verlangen expressionistischer Lyriker, den Untergang dieser inhumanen Welt heraufzubeschwören. Eines der eindrucksvollsten Zeugnisse für diese Haltung ist das Gedicht *Weltende* (33) von van Hoddis. »Diese zwei Strophen«, so schreibt etwa Johannes R. Becher über seine Erfahrungen mit dem Text, »o diese acht Zeilen schienen uns in andere Menschen verwandelt zu haben, uns emporgehoben zu haben aus einer Welt stumpfer Bürgerlichkeit, die wir verachteten und von der wir nicht wußten, wie wir sie verlassen sollten« (Expressionismus. Aufzeichnungen und Erinnerungen, S. 51 f.). Das Bewußtsein, am Ende einer Epoche zu stehen, die dumpfen Untertanengeist und selbstgefälliges Philistertum hervorgebracht hatte, teilt sich aber auch in vielen anderen Gedichten des expressionistischen Jahrzehnts mit.

Fragen und Aufgaben:

- Lasker-Schüler und van Hoddis beschwören in ihren Gedichten (1, 33) das Ende der Welt. Wie unterscheiden sich ihre apokalyptischen Vorstellungen? Welche Rolle spielt in ihren Gedichten die poetische Form?
- In Gedichten von Heym (27–32), Lichtenstein (44–47), van Hoddis (33, 34) u. a. finden sich Ansätze von Gesellschafts- und Zivilisationskritik. Erläutern Sie diese.
- Stellen Sie die von einzelnen Autoren der Sammlung verwendeten apokalyptischen Bilder zusammen. Welche Gemeinsamkeiten weisen sie auf, wie unterscheiden sie sich? Welchen Bereichen sind sie entnommen? Welche Stimmungen, Gefühle und Haltungen des lyrischen Ich reflektieren sie?

C. Krieg

Das allgemeine apokalyptische Bewußtsein vieler expressionistischer Lyriker konkretisierte sich bei einzelnen von ihnen in der Vorahnung eines kommenden Krieges. Überdrüssig des unfreien, lethargischen Lebens in einer als banal und öde empfundenen Zeit, erwartete man sehnlichst den radikalen Umsturz aller Verhältnisse. Der Krieg sollte die alte, erstarrte Welt vernichten, damit die Gesellschaft grundlegend erneuert werden konnte. Das, was die Expressionisten in visionären

Bildern antizipierten, wurde dann mit dem Kriegsausbruch im Jahre 1914 zur historischen Tatsache. Die kollektive Euphorie zu Beginn des Krieges aber, der sich auch einzelne Expressionisten nicht entziehen konnten, schlug angesichts der grauenvollen Realität bald in Ernüchterung, Schrecken und Ekel um.

Vorwegnahme und Erfahrung des Krieges, der Krieg als Purgatorium und als bittere Wirklichkeit sind demnach auch die Linien, an denen sich die Auswahl der Kriegsgedichte in der Sammlung orientiert. Einen möglichen Anfangspunkt der Sequenz könnte Heyms berühmtes Gedicht *Der Krieg* (30) darstellen. An ihm ist exemplarisch zu zeigen, wie der Krieg in der Vorkriegszeit literarisch gesehen wird. Zu charakterisieren sind hier in erster Linie die poetischen Verfahren des Dichters (Allegorisierung, Metaphorisierung). Bei der Deutung kann die folgende Tagebuchnotiz Heyms berücksichtigt werden: »Ach, es ist furchtbar. Schlimmer kann es auch 1820 nicht gewesen sein. Es ist immer das gleiche, so langweilig, langweilig. Es geschieht nichts, nichts. Wenn doch einmal etwas geschehen wollte, was nicht diesen faden Geschmack von Alltäglichkeit hinterläßt [...]. Geschähe doch einmal etwas. Würden einmal wieder Barrikaden gebaut. Ich wäre der erste, der sich darauf stellte, ich wollte noch mit der Kugel im Herzen den Rausch der Begeisterung spüren. Sei es nur, daß man einen Krieg begänne, er kann ungerecht sein, dieser Frieden ist so faul, ölig und schmierig wie eine Leimpolitur auf alten Möbeln« (Georg Heym: Dichtungen und Schriften. Bd. 3. München 1960. S. 139).

Fragen und Aufgaben:

- Welche Gedichte der Sammlung thematisieren den Krieg? Stellen Sie ein Textkorpus zusammen.
- Skizzieren Sie den thematischen Zusammenhang zwischen den Weltuntergangsgedichten und den Vorkriegs-Kriegsgedichten. Welche gemeinsamen historischen Erfahrungen liegen ihnen zugrunde?

- Wie wird der Krieg in den Gedichten vor 1914 poetisch dargestellt? Welche Funktion hat er hier? Welche Wirkungen löst er aus?
- Welche Auffassungen vom Krieg spiegeln sich in den Gedichten wider, die während der Kriegszeit geschrieben worden sind? Wie haben die Autoren ihre Kriegserfahrungen literarisch verarbeitet? In welcher Weise haben sich die sprachlichen und poetischen Mittel der Dichter gegenüber den Kriegsgedichten vor 1914 verändert?
- Golls *Torso* (59) ist das späteste Kriegsgedicht in dieser Sammlung. Vergleichen Sie es mit Heyms Gedicht *Der Krieg* (30) und Klemms *Schlacht an der Marne* (9).

D. Großstadt

Bestimmender Lebensraum für die expressionistische Generation ist die Großstadt gewesen. Viele Lyriker wurden in der Großstadt geboren, waren dort aufgewachsen, hatten dort studiert. Zentrum der expressionistischen Bewegung bildete zweifellos Berlin. Hier schloß man sich zu literarischen Zirkeln zusammen; hier gründete man literarische Zeitschriften; hier las man seine Gedichte vor und publizierte sie. Der Name der Metropole ist aufs engste mit den Lyrikern Heym, van Hoddis und Lichtenstein verbunden. Heym z. B. hat einen Zyklus von Gedichten über Berlin geschrieben; in der Lyrik der beiden anderen Autoren ist der Erfahrungshorizont der Großstadt fast immer vorausgesetzt.
Das Thema Großstadt war nach der Jahrhundertwende für die Literatur keine Novität. Schon der Naturalismus hatte im Zuge der Urbanisierung und Industrialisierung seit der Reichsgründung 1871 das Sujet für sich entdeckt. Naturalistische Autoren wie z. B. Arno Holz, Karl Friedrich Henckell und Julius Hart hatten in ihren Texten die mannigfaltigen Probleme der Stadt geschildert: die Verelendung des Proletariats und des Kleinbürgertums, den Alkoholismus, die Prostitution, die Fabrikarbeit. Doch blieb es zumeist bei Milieu-

darstellungen. Zu einem inneren Erfahrungsraum für die Literatur wurde die Großstadt erst in dem Augenblick, als von ihr solch massive, verwirrende und fluktuierende Reize ausgingen, daß man die dissoziierende Vielfalt der Eindrücke nicht mehr bewältigen konnte und die Orientierung verlorenging. Inbegriff solcher Haltlosigkeit war das Bewußtsein der Entfremdung, Verlorenheit und Isolation. Aus ihm resultierten Angst, Nervosität und Hektik. Diese krisenhafte Erfahrung der Großstadt artikulierte sich nach 1905 in Bildern der Verdinglichung, in mythologischen Projektionen der Gewalt, des Bedrohlichen, ja Dämonischen.

Fragen und Aufgaben:

- Welche Erfahrungsinhalte finden sich in den Großstadtgedichten dieser Sammlung? Welche Phänomene und Orte der Großstadt werden dargestellt?
- Wie sehen die Dichter Dinge und Menschen? Wie erfahren sie die neuen sozialen und technischen Verkehrsformen in der Stadt? Zeigen Sie auf, mit welchen literarischen Mitteln sie ihre Wahrnehmungen, Empfindungen und Vorstellungen ausdrücken. Achten Sie dabei auf Metaphorik, Vers- und Satzgestaltung.
- Vergleichen Sie Heyms Gedicht *Der Gott der Stadt* (29) und Trakls *Vorstadt im Föhn* (36) miteinander. Machen Sie dabei deutlich, wie der Problemkomplex Großstadt in den Gedichten jeweils gesehen und gedeutet wird.

E. Wirklichkeitsverlust – parataktische Sprachmuster

Die Dissoziation von Ich und Welt, der Zerfall eines Wahrnehmungsganzen in eine Vielzahl von unbedeutenden Einzelheiten, der Verlust einer das Ganze integrierenden Perspektive, diese Bewußtseinslage um und nach 1910 findet ihren poetischen Ausdruck in den Gedichten der expressionistischen Avantgarde. Charakteristisch für sie ist das unverbundene Nebeneinander von Wörtern und Bildern bzw. die asyndetische, parataktische Reihung von Sätzen. Das »und«, das schon in Hofmannsthals berühmtem Gedicht *Ballade des äußeren Lebens* die Bilder des Lebens paradoxerweise dadurch verband, daß es ihre Unverbundenheit behauptete, wird nun oft völlig aufgegeben. Zurück bleiben disparate, unzusammenhängende Einzelbilder, der sprachliche Reflex einer Wirklichkeit, die nicht mehr als kohärent erfahren bzw. gedacht werden kann.

Fragen und Aufgaben:

- Untersuchen Sie Vers- und Strophenformen in den Gedichten von van Hoddis und Lichtenstein. Beachten Sie dabei das Verhältnis von Vers und Satz.
- In welcher Weise wird in den Gedichten dieser Autoren Wirklichkeit wahrgenommen?
- Wie werden diese Wahrnehmungen poetisch umgesetzt?
- Welche Wirkungen löst die Darstellung aus?
- Vergleichen Sie Schwitters' Gedicht *Banalitäten aus dem Chinesischen* (35) mit van Hoddis' *Weltende* (33). Was hat Schwitters von van Hoddis übernommen? Worin unterscheiden sich beide Gedichte?
- Beide Gedichte sind als Kabarett-Texte inszeniert worden. Weisen Sie in ihrer sprachlichen und poetischen Gestaltung kabarettistische Elemente nach.

F. Zerfall und Tod - Ästhetik des Häßlichen

Die expressionistische Lyrik wendet sich provozierend gegen die überkommenen bürgerlichen Geschmacksnormen. Deshalb bezieht sie in ihre poetischen Darstellungen das ein, was jenseits der Normalitätsvorstellungen des Bürgers liegt, was er verdrängt und verleugnet und aus seiner Welt verbannt hat: das Kranke, Häßliche, Abstoßende. In den von ihr bevorzugten Themen Zerfall, Wahnsinn, Tod, Verwesung materialisiert sich eine Ästhetik des Häßlichen. Baudelaire und Rimbaud gelten als die Kronzeugen für eine literarische Moderne, die durch Schocks und Verfremdungen die Harmonisierungsideale konventioneller Ästhetik und die ihnen korrespondierenden Wert- und Glücksvorstellungen aufzubrechen suchte. Die ganze Wirklichkeit, und das war auch die Welt des Hinfälligen, Abseitigen, des Todes, sollte neu und tiefer gesehen werden. Als Beispiele für diese Ästhetik des Häßlichen können die *Morgue*-Gedichte Benns, die *Ophelia*-Gedichte Heyms und der Brecht-Text *Vom ertrunkenen Mädchen* angesehen werden.

Fragen und Aufgaben:

- In welcher Weise provoziert Benn in seinen Gedichten (20, 21) herkömmliche Vorstellungen von Lyrik?
- Welches Menschenbild zeichnet der Autor in seinen Gedichten?
- Man hat Benns *Morgue*-Gedichte als »medi-zynische« Texte bezeichnet. Erklären Sie den Begriff. Veranschaulichen Sie ihn durch Textbelege.
- Vergleichen Sie Benns *Schöne Jugend* (20), Heyms *Ophelia* (28) und Brechts Gedicht *Vom ertrunkenen Mädchen* (62).
- Stellen Sie weitere Gedichte zusammen, in denen die Motive des Verfalls und des Todes auftauchen. Welche Bilder verwenden die Autoren bei der Gestaltung dieser Motive? Welchen Aussagewert haben sie jeweils innerhalb der Gedichte?
- Nennen Sie Gründe, weshalb sich die expressionistischen Lyriker so intensiv mit den Themen des Verfalls und des Todes beschäftigen.

G. Wahnsinn

Wie kaum eine andere literarische Bewegung hat sich der Expressionismus mit dem Motiv des Wahnsinns und der Figur des Irren beschäftigt. In dieser Auseinandersetzung kristallisieren sich spezifische Merkmale expressionistischer

Gesellschafts- und Zivilisationskritik heraus. Mit ihr wird der verzweifelte Versuch unternommen, Trennung, Isolation und Angst als Signaturen einer fremd gewordenen Zeit ästhetisch-literarisch zu verarbeiten. Die Präferenz der expressionistischen Lyrik für das Abseitige, Randständige, Stigmatisierte resultiert aus einem antibürgerlichen Affekt. Der Wahnsinnige ist die Kontrastfigur zum verachteten Bürger in seiner Saturiertheit und Normalität; er ist nachgerade die verkörperte Negation von dessen theoretischer und praktischer Vernunft. In dem Maße, wie der Irre seine Affekte auslebt, provoziert er nicht nur bürgerliche Institutionen, sondern zerschlägt auch die durch sie vermittelten Anschauungen, Werte und Normen der patriarchalischen Wilhelminischen Vorkriegsgesellschaft. Dabei kommt der Darstellung des Wahnsinns häufig kathartische Funktion zu. So wie der Irre gesellschaftliche Verhältnisse fast lustvoll ver-rückt, de-formiert, öffnet er den Blick für deren Widersprüchlichkeit und Inhumanität, nimmt er ihnen zumindest virtuell etwas von ihrem Druck.
Ist die Darstellung des Wahnsinns auf der einen Seite Ausdruck einer regressiven Wunschphantasie des Dichters, so weist sie andererseits aber auch auf wirkliches Elend hin, auf die leidende und bedrängte Kreatur in einer herzlosen bürgerlichen Welt. In den Gedichten von Heym, Blass, Becher und Huelsenbeck wird das Motiv des Wahnsinns unmittelbar literarisch verarbeitet; damit korrespondieren Texte von Benn, Trakl und Lichtenstein, die den Problemkomplex »Ich-Zerfall« poetisch zu vermitteln suchen. An ihnen wird deutlich, daß der Wahnsinn nur die ins Pathologische gewendete Strukturkrise des modernen Ich darstellt.

Fragen und Aufgaben:

- Wie wird der Wahnsinnige in den Gedichten 32, 48, 58, 60 dargestellt?
- Wie nimmt die Öffentlichkeit den Irren wahr? Wie behandelt sie ihn?
- In welcher Weise erfährt der Irre die Außenwelt?

- Verdeutlichen Sie anhand ausgewählter Textbeispiele das Verhältnis von »Normalität« und Wahnsinn.
- Ende des 19. Jahrhunderts behauptet der Philosoph Ernst Mach: »Das Ich ist unrettbar.« Erläutern Sie diese These an den Texten 24, 41 und 47.
- Charakterisieren Sie Bedeutung und Funktion der Bilder, mit denen die Autoren ihre Erfahrungen von der Auflösung des Ich konkretisieren.

H. Liebe und Rausch

Ähnlich wie im Barockzeitalter die Vergänglichkeit des Menschen (»vanitas«) seinem Anspruch auf Lebensgenuß (»carpe diem«) entgegensteht, so konfrontieren viele expressionistische Lyriker ihre Erfahrung von Verfall und Tod grell mit einem rauschhaften Verlangen nach Sinnlichkeit, Liebe und Glück. Beide Erfahrungsbereiche stehen in einem Spannungsverhältnis zueinander; das Gedicht ist der Ort, an dem die Polarität zwischen ihnen oft bis ins Unerträgliche gesteigert wird. Wer diesen Riß, der durch die Wirklichkeit geht, in sich selbst erfährt, dem bleibt als letzte verzweifelte Ausflucht vielleicht nur noch die Halluzination, der Rausch, das Delirium.

Fragen und Aufgaben:

- Stellen Sie die Gedichte zusammen, in denen das Spannungsverhältnis von Hinfälligkeit und Lust, Tod und Liebe poetisch reflektiert wird.
- Welche Auffassungen von Liebe kommen in den Gedichten 3, 4, 22, 23 und 26 zum Ausdruck?
- Wie wird das Verhältnis von Mann und Frau gesehen? Wie wird es poetisch dargestellt?
- In welcher Weise reagieren die Autoren mit ihren »Liebesgedichten« auf die Sexualmoral in der Wilhelminischen Gesellschaft?

I. Sprachskepsis – Sprachzertrümmerung – Sprachspiele

Am Anfang der literarischen Moderne steht die Behauptung, daß die herkömmliche Sprache für die objektive Erkenntnis der Wirklichkeit und für die Daseinsbewältigung nicht mehr tauge. Der expressionistischen Avantgarde gilt die Sprache der Tradition als verbraucht, abgedroschen, entleert, deshalb muß sie verändert und revolutioniert, müssen die ihr zugrundeliegenden grammatischen Strukturen aufgebrochen und zerschlagen werden. Das Unbehagen und die Skepsis gegenüber dem instrumentellen Charakter der überkommenen Sprache werden damit gleichsam zum Moment der Spracherneuerung. Anknüpfend an die sprachkritischen und ästhetischen Positionen des Futurismus, haben sich besonders die künstlerischen Kreise um Kurt Hiller und Herwarth Walden darum bemüht, der Sprache durch gezielte ästhetische Operationen ihre Unmittelbarkeit und Spontaneität zurückzugeben und ihr neue Bedeutungsdimensionen zu erschließen. In diesem Zusammenhang ist auch August Stramm zu sehen. Anhand seiner Gedichte lassen sich am anschaulichsten die poetischen Verfahren beschreiben und erläutern, die zur Begründung einer neuen »Wortkunst« führen. Stramms Versuche, die herkömmlichen syntaktischen und semantischen Muster aufzulösen, Partikel und Konjunktionen in seinen Gedichten wegzulassen, die Gestalt der Einzelwörter zu verändern, um für die Sprache neue Bedeutungsfelder zu erkunden, wird von den *Dadaisten* auf die Spitze getrieben. Sie zerstören mutwillig Sinnzusammenhänge, reduzieren die Sprache, etwa in den Laut- und Klanggedichten, auf reine Materialität, treiben ein verfremdendes Spiel mit Worten und Formulierungsmustern, versuchen also die gegenständlichen Bezüge der Sprache aufzulösen. Freilich entgehen auch sie – bei aller Kritik und Zerstörungslust – nicht ganz den sprachlichen Konventionen. Diese werden immer noch vorausgesetzt. Die Sprache der Gedichte wird an die Grenzen ihrer Verstehbarkeit herangeführt, überschreitet diese aber nicht.

Fragen und Aufgaben:

- Vergleichen Sie die Gedichte von Stramm (3, 4, 5, 6). Wo weicht ihre Sprachgestaltung von der Grammatik ab? Was erreicht der Verfasser damit?
- Welche Bedeutung hat in ihnen das einzelne Wort? Wie werden die verschiedenen Wortarten gebraucht?
- Legen Sie dar, welche Auffassungen von den Möglichkeiten der Sprache Klemm (10) und Becher (57) in ihren Gedichten entwickeln. Welche Bilder gestalten sie, um ihr Verständnis zu veranschaulichen?
- Informieren Sie sich über den Begriff der Collage. Verdeutlichen Sie an den Texten 19, 27, 35, wie hier die Autoren das Verfahren der Collage nutzen.
- Der Dadaist Hugo Ball fordert in Anlehnung an Rimbaud, daß der Dichter sich »in die innerste Alchimie des Wortes« (zitiert nach: Heselhaus, S. 315) zurückziehen müsse. Was meint er damit? Konkretisieren Sie Ihre Erklärungen anhand der Gedichte von Stramm (3–6) und Arp (27).
- In welcher Weise beziehen sich Ball (19), Arp (27) und Schwitters (35) in ihren Gedichten auf Worte und Redensarten der Alltagssprache?
- Arbeiten Sie Gemeinsamkeiten zwischen Gedichten Hardekopfs (7, 8), van Hoddis' (33, 34), Lichtensteins (44–47) und der Dadaisten Ball (19), Arp (27), Schwitters (35) und Huelsenbeck (60) heraus.
- Zeigen Sie, wie bestimmte Autoren mit der Sprache spielen. Welche Haltungen liegen solchen Sprachspielen zugrunde? Welche Wirkungen lösen diese Sprachspiele aus?

J. Natur

Zum Schluß sei darauf hingewiesen, daß sich die Expressionisten auch einem solch konventionellen Genre wie der Naturlyrik zuwandten. Die traditionellen Motive dieses poetischen Paradigmas finden sich häufig in ihren Gedichten: die Tages-

und Jahreszeiten, verschiedene Landschaften, wie z. B. Feld, Wald, See und Fluß, aber auch kosmische Phänomene wie Himmel, Sonne, Mond und Sterne. Umfassender und intensiver als in den voraufgegangenen Epochen wird allerdings das Verhältnis von Naturbereich und großstädtischem Lebensraum poetisch reflektiert.

Fragen und Aufgaben:

- Stellen Sie die Gedichte zusammen, die sich dem Genre Naturlyrik zuordnen lassen.
- Welches Naturverständnis liegt den Gedichten zugrunde?
- Wie werden die verschiedenen Landschaften vom lyrischen Ich wahrgenommen? Wie werden die Erscheinungsformen der Natur poetisch gestaltet?
- Welche Naturbilder tauchen in den Gedichten auf? Welche Funktion haben sie?
- Kurt Pinthus schreibt über die Natur in der expressionistischen Lyrik: »Weil der Mensch so ganz und gar Ausgangspunkt, Mittelpunkt, Zielpunkt dieser Dichtung ist, deshalb hat die Landschaft wenig Platz in ihr. Die Landschaft wird niemals hingemalt, geschildert, besungen; sondern sie ist ganz vermenscht; sie ist Grauen, Melancholie, Verwirrung des Chaos, ist das schimmernde Labyrinth, dem Ahasver sehnsuchtsvoll sich entwinden will; und Wald und Baum sind entweder Orte der Toten, oder Hände, die zu Gott, zur Unendlichkeit hinsuchen« (Menschheitsdämmerung, S. 29). Nehmen Sie begründet Stellung zu dieser These.
- Wie unterscheidet sich die expressionistische Naturlyrik von konventioneller Naturpoesie?

IV. Verfasser- und Quellenverzeichnis

Hans Arp (1887 – 1966)
Opus Null
H. A.: Gesammelte Gedichte. Bd. 1: Gedichte 1903 – 1939. In Zusammenarbeit mit dem Autor hrsg. von Marguerite Arp-Hagenbach u. Peter Schifferli. Zürich: Verlag Die Arche u. Wiesbaden: Limes Verlag 1963. S. 80 – 83.

Hugo Ball (1886 – 1927)
Karawane
Intermezzo
H. B.: Gesammelte Gedichte. Mit Fotos und Faksimiles. Hrsg. von Annemarie Schütt-Hennings. Zürich: Verlag Die Arche 1963. S. 28, 40.

Johannes R. Becher (1891 – 1958)
Der Dichter meidet strahlende Akkorde
Die neue Syntax
J. R. B.: An Europa. Neue Gedichte. Leipzig: Wolff 1916.
Der Idiot
Die Aktion 3 (1913).
Abgedruckt nach: J. R. B., Gesammelte Werke. Hrsg. vom Johannes-R.-Becher-Archiv der Deutschen Akademie der Künste. Bd. 1: Ausgewählte Gedichte 1911 – 1918. Berlin u. Weimar: Aufbau-Verlag 1966. S. 173 f., 228, 72.

Gottfried Benn (1886 – 1956)
Schöne Jugend
Mann und Frau gehn durch die Krebsbaracke
G. B.: Morgue und andere Gedichte. Berlin: Meyer 1912.
D-Zug
Pan 2 (1911/12).
Nachtcafé
Kokain
G. B.: Fleisch. Berlin: Verlag der Wochenschrift »Die Aktion« 1917.
Abgedruckt nach: G. B., Sämtliche Werke. Stuttgarter Ausgabe. In Verb. mit Ilse Benn hrsg. von Gerhard Schuster. Bd. 1: Gedichte 1. Stuttgart: Klett-Cotta 1986. S. 11, 16, 24, 19, 45.

Ernst Blass (1890 – 1929)
Der Nervenschwache
Der Sturm 1 (1910/11).
Autofahrt
Die Aktion 1 (1911).
Abgedruckt nach: E. B., »Die Straßen komme ich entlang geweht«. Sämtliche Gedichte. Hrsg. u. mit einem Nachw. von Thomas B. Schumann. München: Hanser 1980. S. 24, 33.

Paul Boldt (1885 – 1921)
Auf der Terrasse des Café Josty
Die Aktion 2 (1912).
Abgedruckt nach: Die Aktion 2 (1912) S. 1456.
Junge Pferde
Die Aktion 2 (1912).
Abgedruckt nach: P. B., Junge Pferde! Junge Pferde! Leipzig: Wolff 1914. S. 30.

Bertolt Brecht (1898 – 1956)
Vom ertrunkenen Mädchen
B. B.: Hauspostille. Mit Anleitungen, Gesangsnoten und einem Anhange. Berlin Propyläen Verlag 1927.
Abgedruckt nach: B. B., Werke. Große kommentierte Berliner und Frankfurter Ausgabe. Hrsg. von Werner Hecht [u. a.]. Bd. 11: Gedichte 1. Sammlungen 1918 – 1938. Bearb. von Jan u. Gabriele Knopf. Berlin: Aufbau-Verlag u. Frankfurt a. M.: Suhrkamp 1988. S. 109.

Albert Ehrenstein (1886 – 1950)
Auf!
A. E.: Den ermordeten Brüdern. Zürich: Rascher 1919. S. 29.

Carl Einstein (1885 – 1940)
Tödlicher Baum
Die Aktion 7 (1917).
Abgedruckt nach: C. E., Gesammelte Werke. Hrsg. von Ernst Nef. Wiesbaden: Limes Verlag 1962. S. 161.

Gerrit Engelke (1890 – 1918)
Auf der Straßenbahn
G. E.: Rhythmus des neuen Europa. Jena: Diederichs 1921.
Abgedruckt nach: G. E., Das Gesamtwerk. Rhythmus des neuen Europa. Hrsg. von Hermann Blome. München: List 1960. S. 48.

Yvan Goll (1891 – 1950)
Der Torso
Die Aktion 8 (1918).
Abgedruckt nach: Y. G., Dichtungen. Lyrik – Prosa – Drama. Hrsg. von Claire Goll. Darmstadt u. Neuwied: Luchterhand 1960. S. 45.

Ferdinand Hardekopf (1876 – 1954)
Spleen
F. H.: Lesestücke. Berlin: Verlag der Wochenschrift »Die Aktion« 1916.
Abgedruckt nach: F. H., Gesammelte Dichtungen. Hrsg. von Emmy Moor-Wittenbach. Zürich: Verlag Die Arche 1963. S. 48.

Zwiegespräch
F. H.: Privatgedichte. München: Wolff 1921. Zitiert nach: 131 expressionistische Gedichte. Hrsg. von Peter Rühmkorf. Berlin: Wagenbach 1976. S. 79f.

Walter Hasenclever (1890 – 1940)
Der Schauspieler
W. H.: Tod und Auferstehung. Neue Gedichte. Leipzig: Wolff 1917.
Abgedruckt nach: W. H., Gedichte, Dramen, Prosa. Hrsg. von Kurt Pinthus. Reinbek bei Hamburg: Rowohlt 1963. S. 83.

Max Hermann-Neisse (1886 – 1941)
Notturno
Wiecker Bote, Februar 1914.
Abgedruckt nach: M. H.-N., Der Stern des Schmerzes. Gedichte 1. Hrsg. von Klaus Völker. Frankfurt a. M.: Zweitausendeins 1986. S. 311.

Georg Heym (1887 – 1912)
Ophelia
Der Gott der Stadt
Der Krieg
G. H.: Umbra vitae. Nachgelassene Gedichte. Leipzig: Rowohlt 1912.
Printemps
G. H.: Dichtungen. München: Wolff 1922.
Die Irren
Abgedruckt nach: G. H., Dichtungen und Schriften. Gesamtausgabe. Hrsg. von Karl Ludwig Schneider. Bd. 1: Lyrik. Hamburg u. München: Ellermann 1964. S. 160 – 162, 192, 346f., 261, 91.

Jakob van Hoddis (1887 – 1942)
Weltende
Der Demokrat, 11. Januar 1911.
Kinematograph
Der Sturm 2 (1911/12).
Abgedruckt nach J. v. H., Dichtungen und Briefe. Hrsg. von Regina Nörtemann. Zürich: Verlag Die Arche 1987. S. 15, 25.

Richard Huelsenbeck (1892 – 1974)
Der Idiot
Cabaret Voltaire. Hrsg. von Hugo Ball. Zürich: Meierei Spiegelgasse 1 1916. S. 18.

Klabund (1890 – 1928)
Der Krüppel
K.: Die Himmelsleiter. Berlin: Reiss 1916.
Abgedruckt nach: K., Der himmlische Vagant. Hrsg. u. mit einem Nachw. von Marianne Kesting. Köln: Kiepenheuer & Witsch 1968. S. 341.

Wilhelm Klemm (1881 – 1968)
Schlacht an der Marne
Die Aktion 4 (1914).
Abgedruckt nach: W. K., Aufforderung. Gesammelte Verse. Berlin: Verlag der Wochenschrift »Die Aktion« 1917. S. 109. © Limes Verlag, München.
Die Sprache
W. K.: Entfaltung. Gedichtfolge. Nendeln (Liechtenstein): Kraus Reprint 1973. S. 7. © Arno Klemm, Leonberg.

Else Lasker-Schüler (1869 – 1945)
Weltende
E. L.-Sch.: Der siebente Tag. Gedichte. Berlin: Verlag des Vereins für Kunst 1905.
Gebet
E. L.-Sch.: Die gesammelten Gedichte. Leipzig: Verlag der weißen Bücher 1917.
Abgedruckt nach: E. L.-S., Gesammelte Werke. Gedichte 1902 – 1943. Hrsg. von Friedhelm Kemp. München: Kösel 1959. S. 149, 288.

Alfred Lichtenstein (1889 – 1914)
Die Dämmerung
Der Sturm 1 (1910/11).
Sommerfrische
Die Aktion 3 (1913).
Nebel
Simplicissimus, 3. November 1913.
Punkt
Die Aktion 4 (1914).
Abgedruckt nach: A. L., Gesammelte Gedichte. Hrsg. von Klaus Kanzog. Zürich: Verlag Die Arche 1962. S. 44, 67, 59, 69.

Ernst Wilhelm Lotz (1890 – 1914)
Aufbruch der Jugend
E. W. L.: Wolkenüberflaggt. Leipzig: Wolff 1916. S. 56.

Kurt Schwitters (1887 – 1948)
Banalitäten aus dem Chinesischen
K. Sch.: Das literarische Werk. Hrsg. von Friedhelm Lach. Bd. 1: Lyrik. Köln: DuMont 1973. S. 170.

Ernst Stadler (1883 – 1914)
Fahrt über die Kölner Rheinbrücke bei Nacht
Die Aktion 3 (1913).
Form ist Wollust
Der Aufbruch
E. S.: Der Aufbruch. Leipzig. Verlag der weißen Bücher 1914.
Abgedruckt nach: E. S., Dichtungen. Hrsg. von Karl Ludwig Schneider. Bd. 1. Hamburg: Ellermann 1954. S. 161 f., 127, 128 f.

August Stramm (1874 – 1915)
Abendgang
Untreu
Sturmangriff
Der Sturm 5 (1914/15).
Patrouille
Der Sturm 6 (1915/16).
Abgedruckt nach: A. S., Das Werk. Hrsg. von René Radrizzani. Wiesbaden: Limes Verlag 1963. S. 40, 16, 73, 86.

Ernst Toller (1893 – 1939)
Spaziergang der Sträflinge
Weiße Blätter 7 (1919).
Abgedruckt nach: Lyrik des expressionistischen Jahrzehnts. Von den Wegbereitern bis zum Dada. Einl. von Gottfried Benn. München: Deutscher Taschenbuch Verlag 1962. S. 177.

Georg Trakl (1887 – 1914)
Vorstadt im Föhn
Der Brenner 2 (1911/12).
Dämmerung
G. T.: Gedichte. Leipzig: Wolff 1913.
Grodek
Der Brenner 5 (1915).
Der Herbst des Einsamen
Kaspar Hauser Lied
G. T.: Sebastian im Traum. Leipzig: Wolff 1915.
Delirium
Abgedruckt nach: G. T., Werke, Entwürfe, Briefe. Hrsg. von Hans-Georg Kemper u. Frank Rainer Max. Stuttgart: Reclam 1984. S. 33, 31, 112, 72, 63 f., 146.

Franz Werfel (1890 – 1945)
An den Leser
F. W.: Der Weltfreund. Berlin: Juncker 1911.
Revolutions-Aufruf
F. W.: Einander. Oden, Lieder, Gestalten. Leipzig: Wolff 1915.
Abgedruckt nach: F. W., Gesammelte Werke. Das lyrische Werk. Hrsg. von Adolf Klarmann. Frankfurt a. M.: S. Fischer 1967. S. 62 f., 165.

Alfred Wolfenstein (1888 – 1945)
Im Bestienhaus
Die Aktion 2 (1912).
Abgedruckt nach: A. W., Die Freundschaft. Berlin: S. Fischer 1917. S. 15.

Städter
A. W.: Die gottlosen Jahre. Berlin: S. Fischer 1914. S. 25. © Frank T. Wolfenstein, London.

Paul Zech (1881 – 1946)
Fabrikstraße tags
P. Z.: Das schwarze Revier. München: Musarion Verlag 1922. S. 10. © Hella Zech, Berlin.

V. Literaturhinweise

1. Textsammlungen

Dada. Eine literarische Dokumentation. Hrsg. von Richard Huelsenbeck. Reinbek bei Hamburg 1964.
Die Lyrik des Expressionismus. Hrsg. von Silvio Vietta. Tübingen 1976.
Expressionismus. Der Kampf um eine literarische Bewegung. Hrsg. von Paul Raabe. München 1965.
Expressionismus. Aufzeichnungen und Erinnerungen der Zeitgenossen. Hrsg. von Paul Raabe. Olten u. Freiburg i. Br. 1965.
Gedichte des Expressionismus. Hrsg. von Dietrich Bode. Stuttgart 1966. (Reclams UB Nr. 8726.)
131 expressionistische Gedichte. Hrsg. von Peter Rühmkorf. Berlin 1976. (Wagenbach Taschenbuch 18.)
Lyrik des expressionistischen Jahrzehnts. Von den Wegbereitern bis zum Dada. Einleitung von Gottfried Benn. München 1962.
Menschheitsdämmerung. Symphonie jüngster Dichtung. Hrsg. von Kurt Pinthus. Berlin 1919. Neuausgabe: Hamburg 1959.

2. Darstellungen

Arnold, Armin: Die Literatur des Expressionismus. Sprachliche und thematische Quellen. Stuttgart, Berlin, Köln u. Mainz 1971.
Brinkmann, Richard: Expressionismus – Forschungsprobleme 1952 – 1960. Stuttgart 1961.
Denkler, Horst (Hrsg.): Gedichte der »Menschheitsdämmerung«. Interpretationen expressionistischer Lyrik. München 1971.
Eibl, Karl: Expressionismus. In: Walter Hinderer (Hrsg.), Geschichte der deutschen Lyrik. Stuttgart 1983. S. 420 – 438.
Eykmann, Christoph: Denk- und Stilformen des Expressionismus. München 1974.
Große, Wilhelm: Interpretationen zur expressionistischen Lyrik. Hollfeld 1988.
Heselhaus, Clemens: Deutsche Lyrik der Moderne. Düsseldorf 1962.
Kemper, Hans-Georg: Vom Expressionismus zum Dadaismus. Kronberg i. Ts. 1975.
Knapp, Gerhard P.: Die Literatur des deutschen Expressionismus. München 1979.
Korte, Hermann: Der Krieg in der Lyrik des Expressionismus. Studien zur Evolution eines literarischen Themas. Bonn 1981.
Martens, Gunter: Vitalismus und Expressionismus. Ein Beitrag zur Genese und Deutung expressionistischer Stilstrukturen und Motive. Stuttgart 1971.
Martini, Fritz: Was war Expressionismus? Urach 1948.

Mautz, Kurt: Mythologie und Gesellschaft im Expressionismus. Die Dichtung Georg Heyms. Frankfurt a. M. 1961.
Meixner, Horst / Silvio Vietta (Hrsg.): Expressionismus – sozialer Wandel und künstlerische Erfahrung. München 1982.
Meurer, Reinhard: Gedichte des Expressionismus. München 1988.
Paulsen, Wolfgang: Deutsche Literatur des Expressionismus. Bern, Frankfurt a. M. u. New York 1983.
Philipp, Eckhard: Dadaismus. Einführung in den literarischen Dadaismus und die Wortkunst des »Sturm«-Kreises. München 1980. (UTB 527.)
Röllecke, Heinz: Die Stadt bei Stadler, Heym und Trakl. Berlin ^{2}1988.
Rothe, Wolfgang (Hrsg.): Expressionismus als Literatur. Gesammelte Studien. Bern u. München 1969.
Schneider, Karl Ludwig: Der bildhafte Ausdruck in den Dichtungen Georg Heyms, Georg Trakls und Ernst Stadlers. Heidelberg ^{2}1961.
Schneider, Karl Ludwig: Zerbrochene Formen. Wort und Bild im Expressionismus. Hamburg 1967.
Sokel, Walter H.: Der literarische Expressionismus. Der Expressionismus in der deutschen Literatur des zwanzigsten Jahrhunderts. München 1970.
Steffen, Hans (Hrsg.): Der deutsche Expressionismus. Formen und Gestalten. Göttingen 1965.
Vietta, Silvio / Hans-Georg Kemper: Expressionismus. München 1975.

Literatur des Expressionismus

IN RECLAMS UNIVERSAL-BIBLIOTHEK

Ernst Barlach: *Der arme Vetter.* Drama. Nachw. von Walter Muschg. 109 S. UB 8218

Gottfried Benn: *Gehirne.* Novellen. Textkr. hrsg. von Jürgen Fackert. 85 S. UB 9750

Die deutsche Literatur. Ein Abriß in Text und Darstellung. Bd. 14: Expressionismus und Dadaismus. Hrsg. von Otto F. Best. 336 S. UB 9653

Einakter und kleine Dramen des Expressionismus. Hrsg. von Horst Denkler. 287 S. UB 8562

Carl Einstein: *Bebuquin.* Hrsg. von Erich Kleinschmidt. 87 S. UB 8057

Fünfzig Gedichte des Expressionismus. Hrsg. von Dietrich Bode. 72 S. UB 18181

Gedichte des Expressionismus. Hrsg. von Dietrich Bode. 261 S. UB 8726

Reinhard Goering: *Seeschlacht.* Tragödie. Nachw. von Otto F. Best. 77 S. UB 9357

Walter Hasenclever: *Der Sohn.* Ein Drama in fünf Akten. Nachw. von Georg-Michael Schulz. 136 S. UB 8978

Georg Heym: *Dichtungen* (Gedichte. Der fünfte Oktober. Eine Fratze. Der Wahnsinn des Herostrat. Aus den Tagebüchern und Traumaufzeichnungen). Ausw. und Nachw. von Walter Schmähling. 86 S. UB 8903

Georg Kaiser: *Von morgens bis mitternachts.* Stück in zwei Teilen. Fassung letzter Hand. Mit einem Nachw. hrsg. von Walther Huder. 77 S. UB 8937

Else Lasker-Schüler: *Die Wupper.* Schauspiel. Dokumente zur Entstehungs- und Wirkungsgeschichte und Nachw. von Fritz Martini. 175 S. UB 9852

Robert Müller: *Tropen.* Der Mythos der Reise. Hrsg. von Günter Helmes. 438 S. UB 8927

Prosa des Expressionismus. Hrsg. von Fritz Martini. 319 S. UB 8379

Ernst Stadler: *Der Aufbruch* und andere Gedichte. 88 S. UB 8528

Carl Sternheim: *Tabula rasa.* Schauspiel. Nachw. von Ernst Schürer. 87 S. UB 9907

August Stramm: *Gedichte, Dramen, Prosa, Briefe.* Hrsg. von Jörg Drews. 242 S. UB 9929

Theorie des Expressionismus. Hrsg. von Otto F. Best. 296 S. UB 9817

Ernst Toller: *Masse Mensch.* Ein Stück aus der sozialen Revolution des 20. Jahrhunderts. Nachw. von Rosemarie Altenhofer. 77 S. UB 9944

Georg Trakl: *Werke · Entwürfe · Briefe.* Hrsg. von Hans-Georg Kemper und Frank Rainer Max. Nachw. und Bibliogr. von Hans-Georg Kemper. 367 S. UB 8251

Philipp Reclam jun. Stuttgart